Hilke Gerdes

Türken in Berlin

berlin edition im
be.bra verlag

Bibliografische Information der Deutschen Nationalbibliothek
Die Deutsche Nationalbibliothek verzeichnet diese Publikation in der Deutschen Nationalbibliografie; detaillierte bibliografische Daten sind im Internet über http://dnb.d-nb.de abrufbar.

KulturBrauerei Haus S
Schönhauser Allee 37, 10435 Berlin
post@bebraverlag.de
Lektorat: Martin Regenbrecht, Berlin
Umschlag: Ansichtssache, Berlin
Satz: typegerecht, Berlin
Schrift: Stempel Garamond 10/13,5pt
Druck und Bindung: Bosch Druck GmbH, Landshut
ISBN 978-3-8148-0163-6

www.bebraverlag.de

Inhalt

Türken in Berlin

Einleitung

Am 25. Juni 2008 ist Berlin wie fast ganz Europa im Fußballfieber. Das Halbfinale der Europameisterschaft bestreiten die deutsche und die türkische Nationalmannschaft. Die Zeitungen überbieten sich mit Freundschaftsbekundungen, es heißt »Freundschaft soll gewinnen«, zahllose deutsche und türkische Fahnen sind überall in der Stadt zu sehen, häufig beide Fahnen am selben Auto oder am selben Fenster. Die meisten Türken in Berlin drücken der türkischen Mannschaft die Daumen, aber nachdem die türkische Elf knapp verloren hat, jubeln sie im Finale begeistert für die deutsche Mannschaft. Für kurze Zeit scheint es so, als ob Deutsche und Türken die besten Freunde seien, als ob Integration kein Thema sei, als ob Fußball politische und soziale Fragen überbrücken könne.

Aber wer sind eigentlich die »Türken in Berlin«? Das ist keine leichte Frage, denn eine ganze Reihe von ihnen versteht sich gar nicht als Türken. 2007 zählte man in der Stadt etwa 115 000 Menschen mit einem türkischen Pass. Hinzu kommen etwa 70 000 eingebürgerte Deutsche, die selbst oder deren Vorfahren irgendwann einmal aus der Türkei eingereist sind. Von diesen insgesamt gut 180 000 Berlinern sind etwa ein Drittel Kurden, die in der Türkei bis heute politisch und kulturell nicht anerkannt sind. Einige von ihnen kämpfen für ein freies Kurdistan, andere organisieren lieber Beratungen und Sprachkurse. Viele legen Wert darauf, kurdisch und nicht türkisch genannt zu werden. Ähnlich ist es mit den Zaza aus Ostanatolien, die als eine eigenständige Volksgruppe gelten, für manche aber auch zu den Kurden gehören. Und was ist mit den »Türken«, die als Lazen, Tscherkessen, Araber aus dem Südosten und Georgier aus der türkischen Schwarzmeerregion nach Berlin gekommen sind?

Das Dilemma der Benennung beginnt bei den unterschiedlichen Ethnien, geht aber noch weiter, denn auch wer ethnisch ein Türke oder eine Türkin ist, möchte nicht zwangsläufig auch so genannt werden. Inzwischen lebt eine zweite, dritte und sogar schon vierte Generation von Türken in Berlin, ein Großteil ist also hier geboren. Darunter gibt es Jugendliche, die ein distanziertes Verhältnis zu Deutschen haben und ein Türkentum hochhalten, das nach Meinung anderer in dieser Form gar nicht real ist. Andere lehnen jegliche ethnische oder nationale Zuschreibung ab und möchten nur als Individuum betrachtet werden. Manche schätzen es, beide Kulturen zu kennen und fühlen sich hier wie dort wohl. Sie fahren gern in die Türkei und sind in Berlin heimisch.

So ethnisch vielfältig und vom Selbstverständnis her unterschiedlich die »Türken in Berlin« sind, so schwierig ist es, sie korrekt zu benennen. In der Türkei nennt man die in Deutschland lebenden Landsleute »Deutschländer«, und das ist meistens nicht besonders freundlich gemeint. Zur Unterscheidung von den Türken in der Türkei könnte man die hier lebenden als Deutsch-Türken bezeichnen. Benutzt wird der Begriff »deutsch-türkisch« aber eher für Nachkommen aus binationalen Ehen; allerdings gibt es in Deutschland inzwischen auch schon eine Menge Ehen zwischen Türken bzw. Türkinnen und Menschen aus anderen Nationen. Die Sache wird immer komplizierter, je genauer man die realen Verhältnisse betrachtet.

Um den Minderheiten gerecht zu werden, sprach der ehemalige Direktor des *Zentrums für Türkeistudien* in Essen, Faruk Şen, von »türkeistämmig« statt »türkischstämmig«. Politisch korrekt nennt man heute in Deutschland lebende ethnisch Nichtdeutsche allgemein »Menschen mit Migrationshintergrund«, dementsprechend wäre »Menschen mit türkeistämmigem Migrationshintergrund« die wohl korrekteste, nur leider nicht sehr wohlklingende Bezeichnung. Viele Betroffene selbst verstehen sich nicht als Migranten, sondern als Immigranten und fordern eine entsprechende rechtliche Stellung innerhalb der deutschen Gesellschaft.

Briten wundern sich immer, meint Safter Çinar, der ehemalige Sprecher des Türkischen Bundes Berlin-Brandenburg, warum nicht einfach von »ethnischen Minderheiten« gesprochen wird, wie es in Großbritannien üblich ist.

Wenn in den folgenden Kapiteln von »Türken« die Rede ist, hat das rein praktische Gründe, denn es gibt nicht die eine ideale Bezeichnung, die allen »Türken in Berlin« gerecht würde. Diese Bevölkerungsgruppe ist heterogener als die meisten annehmen. Manche leben hier seit über vier Jahrzehnten, andere erst seit einigen Jahren, manche sind hierhergekommen, um zu studieren, andere sind aus politischen Gründen geflüchtet oder wollten sich aus den familiären Strukturen lösen. Es gab Abenteurer und junge Akademiker, die das Ausland reizte. Und eben die »Gastarbeiter«, an die Deutsche zumeist denken, wenn sie von »Türken« hören.

Menschen mit einem türkischen Hintergrund wissen aus Erfahrung, dass die Medien mit ihnen fast immer nur den anatolischen Bauern, den kriminellen Jugendlichen oder die zwangsverheiratete Frau in Verbindung bringen. Auch im linksliberalen Milieu hatte so mancher Deutsche sofort diese Bilder parat, wenn von dem Buchprojekt »Türken in Berlin« die Rede war. Das Wort »Türke« hat unterschwellig einen negativen Beigeschmack bekommen. Gleichzeitig betrachten viele Türken, Kurden und andere türkeistämmige Berliner misstrauisch die deutsche Autorin, die doch bestimmt nur wieder über die gängigen Themen schreiben möchte. Sie möchte Klischees vermeiden, allerdings: Was zum Stereotyp wurde, basiert auf einem realen Grund. Es gibt die ehemalige anatolische Bäuerin, die weder schreiben noch lesen kann, und es gibt den unerträglich machomäßigen Jugendlichen ohne Schulabschluss. Doch gut Deutsch sprechende Arbeiter, Handwerker und Unternehmer, Lehrer und Ärzte, Juristinnen und Polizisten, Studentinnen und Künstler, Rechtsanwälte und Politikerinnen, Musiker, Balletttänzer und Schriftsteller leben eben auch in dieser Stadt. Nur fallen sie weniger auf als die anderen. Es geht in diesem Buch auch darum, sie sichtbar zu machen.

So vielfältig die Einwohner und ihre Bezeichnung, so vielfältig ist die Geschichte der »Türken in Berlin«. Wenn im Jahre 2009 das 20-jährige Bestehen der Städtepartnerschaft mit Istanbul gefeiert wird, kann man auch daran erinnern, dass vor etwas über 300 Jahren unter großem Aufsehen die erste türkische Gesandtschaft in die Stadt kam, dass knapp zweihundert Jahre später der Sultan des Osmanischen Reichs Berlin mit dem Pergamonaltar ein Geschenk machte, das die Stadt in die oberste Liga der Museumsstandorte versetzte, und dass bald darauf Studenten und Exilanten die Stadt bevölkerten. Lange vor den Arbeitsmigranten der 1960er Jahre kamen Menschen, die hier ihr Glück suchten und manchmal auch fanden.

»Datteln essen gehört zum guten Ton«

Gesandte, Soldaten und Kammertürken

Teurer Besuch

Am 9. November 1763, morgens um zehn Uhr, fahren fünf Sechsspänner »die Linden«, wie die Berliner ihren Boulevard *Unter den Linden* nennen, hinunter. Darin sitzen der türkische Gesandte Ahmed Resmi Efendi und sein Gefolge. Nach fast viermonatiger Reise haben sie endlich ihr Ziel erreicht und sind nun auf dem Weg von ihrer provisorischen Unterkunft auf dem Gut Weißensee zur standesgemäßeren Residenz im Vernezoberschen Palais, dem späteren Prinz-Albrecht-Palais, das nicht rechtzeitig vorbereitet gewesen war, wie eine Zeitung zu berichten weiß. Dass sich das sonst so perfekt organisierte Preußen diese Schlampigkeit erlaubt, kommt nicht von ungefähr. Friedrichs II. Interesse an einem Bündnis mit dem Osmanischen Reich gegen die Habsburger war durch den Friedensschluss mit Russland erlahmt. Während der König die letzten Taler aus seinen Untertanen herauspresste, um das prestigeträchtige Neue Palais in Potsdam zu errichten, kamen ihm neue Ausgaben für seine türkischen Gäste gar nicht gelegen, zumal er in den Vorjahren viel Geld vergeblich in die Bündnisbemühungen investiert hatte. Die erneuten Verhandlungen schleppten sich dahin. »Er frisst mir die Haare vom Kopf«, soll Friedrich II. angesichts der nicht enden wollenden Versorgung des Gesandten samt seiner Entourage ausgerufen haben. Neben den Diplomaten gehörten zahlreiche Dolmetscher, Geistliche, Jäger, Diener und Janitscharen-Musiker zur Delegation, insgesamt waren es 73

Unter dem Staunen der Berliner Bevölkerung zieht 1763 die türkische Gesandtschaft in Berlin ein.

Mann. Nach fast einem halben Jahr reisten sie ab, ohne dass die Gespräche zu einem Ergebnis geführt hatten.

Ahmed Resmi Efendi verfasste einen Bericht, in dem er von den staunenden Berlinern erzählt: »Es ist einfach unbeschreiblich, wie sie vom Anblick unserer Ankunft bis zur letzten Sekunde unseres Aufbruchs nicht von unserer Seite wichen, all unser Benehmen und Auftreten beobachteten. (...) Ihre Freundlichkeit und Zuneigung, sowie die uns erwiesene Ehrerbietung und das Entgegenkommen waren unbeschreiblich.« In seinem Enthusiasmus ließ er sich sogar zu der Annahme hinreißen: »Die Bevölkerung Berlins erkennt den Propheten Mohammed an und scheut sich nicht zu bekennen, dass sie bereit wäre, den Islam anzunehmen.«

Eine neue Mode

Die lange Anwesenheit der mit Turban, Kaftan und weiten Hosen bekleideten Männer hatte Aufsehen in der Stadt erregt und die Schwärmerei für alles Orientalische merklich steigen lassen. Junge Berliner Männer sollen aus Abenteuerlust und Hoffnung auf ein

Daniel Chodowiecki hat das Aufeinandertreffen von Gesandten mit Berliner Gassenjungen künstlerisch festgehalten. Rötelzeichnung von 1763.

besseres Leben versucht haben, sich auf der Rückreise der Delegation als blinde Passagiere einzuschmuggeln. Der Berliner Zeichner Daniel Nikolaus Chodowiecki hat die Türkenmode in seinen Radierungen und Zeichnungen dokumentiert. Die »Turquerie« war allerdings nicht auf Berlin beschränkt, sondern ein gesamteuropäisches Phänomen, das insbesondere in der Malerei und Musik seinen Niederschlag fand. Mozarts Oper »Die Entführung aus dem Serail« von 1782, die vom österreichischen Kaiser Joseph II. mit Blick auf den 100. Jahrestag des Sieges über die Osmanen bei Wien in Auftrag gegeben worden sein soll, ist das sicherlich bekannteste Beispiel hierfür. Das Singspiel folgt einem damals gängigen Plot: Eine schöne Europäerin wird in das Osmanische Reich verschleppt, auf dem Sklavenmarkt an einen reichen Mann verkauft, mit dem sie fortan in einem schönen Palast, dem Serail, lebt, ihr Geliebter versucht sie aus den Fesseln des Osmanen zu befreien. Bei Mozart ist der Osmane ein zum Islam konvertierter Spanier, der den Befreiungsversuch aufdeckt, seine Gefangenen aber großmütig laufen lässt. Die Rolle des bösen, rachsüchtigen und brutalen Türken, der ein gängiges Motiv in vielen musikalischen Werken der Zeit ist, spielt hier der Haremswächter und Diener des Hausherrn, Osmin. Zu der Art, wie er die Gefangenen behandeln würde, sagt er: »Erst geköpft, dann gehangen, dann verbrannt, dann gebunden, dann getaucht, zuletzt geschunden.« Das Bild des mordenden Türken spiegelt die jahrhundertealte Angst vor den Invasoren wider. Die Musik »alla turca« war formal von der türkischen Militärmusik beeinflusst. Man übernahm die typischen Perkussionsinstrumente wie die Triangel, den Schellenbaum, das Becken und Hackbrett sowie die große Trommel. Mit diesen Instrumenten feuerten die Janitscharen-Kapellen die eigenen Truppen während der Schlachten an. Bereits der Klang aus weiter Ferne sollte beim Gegner Angst und Schrecken auslösen.

Eine visuelle Vorstellung vom Orient entwickelte sich zunehmend durch die Verbreitung von Reiseeindrücken in Bildform. Zu den berühmtesten zählen die Zeichnungen des Flensburger Künstlers Melchior Lorch, der im Auftrag des Kaisers 1555 nach Istanbul reiste. Viereinhalb Jahre blieb er im Osmanischen Reich und zeichnete alles, was ihm begegnete: antike Bauten, Moscheen, Stadtansichten, Marktszenen, Zeremonien, Feste, Gerätschaften, Sultane und andere Würdenträger. Erstmals wurde aus dieser Fülle ein Teil nach Lorchs Tod 1619 veröffentlicht. Auch Albrecht Dürer schuf eine Reihe von Radierungen und Federzeichnungen mit »türkischen Kaisern« und »orientalischen Reitern«. Dass der Sultan »Kaiser« genannt wurde, muss nicht weiter erstaunen; man blieb bei seinem eigenen Vokabular, auch wenn es um das Fremde ging. Der Transfer des Anderen in den eigenen Kulturkreis führte umgekehrt zu solch hübschen Beschreibungen wie »das schiefe Minarett von Pisa«, wie man im 18. Jahrhundert im Osmanischen Reich sagte.

Besonders der Kaffee trinkende Türke und der sich dem spielerischen Zeitvertreib hingebende Herrscher im Kreis seiner Geliebten hat die Vorstellung vom Orient nachhaltig geprägt. Auch die Übersetzung der *Märchen aus 1001 Nacht* im Jahr 1702 ins Französische bot reichlich Nahrung für Träume und Projektionen. Der Harem faszinierte und beflügelte die erotische Fantasie der europäischen Künstler und ihrer Auftraggeber bis ins 20. Jahrhundert hinein. Gleichzeitig wurde der Orient zum Inbegriff von Luxus und Reichtum, so dass es nicht verwundert, dass europäische Adlige sich in orientalisch anmutenden Gewändern, mit Turban und auffälligem Geschmeide darstellen ließen.

In der Türkenmode drückte sich nicht nur die Vorliebe für alles Exotische aus – auch chinesische Motive erlebten in dieser Zeit eine Blüte –, sondern ebenso der Triumph, die jahrhundertelange türkische Bedrohung losgeworden zu sein. Denn seit der militärischen Niederlage vor Wien 1683 war das Osmanische Reich auf dem Rückzug. Manche Historiker begründen die aufkommende Vorliebe für das Türkische psychologisch auch als Angstbewältigung. Es wurden Kostümfeste veranstaltet, bei denen die Adligen als Sultane oder osmanische Großwesire und orientalische Zauberinnen oder Haremsdamen auftraten. Allerdings nahm man es mit den Unterscheidungen nicht so genau, die Kinder konnten auch als Inder verkleidet sein. Hauptsache es war exotisch. Die Rezeption des Osmanischen und Orientalischen blieb oberflächlich.

Prinz Heinrich veranstaltete zur Karnevalszeit Türkenbälle, sein Bruder hingegen hatte für die »Turquerie« wenig Sinn. Friedrich II. spottete: »Datteln essen gehört zum guten Ton in Berlin, und die Gecken pflanzen sich einen Turban aufs Haupt«.

1741, während des Ersten Schlesischen Krieges, gelangte eine 73 Mann starke Tatareneinheit aus Russland zu den Preußen. Sie wurde die erste Lanzenreitergruppe der preußischen Armee und Teil des vierten Husarenregiments. Später nannte man sie »Ulanen« (abgeleitet von »Oghlan«, tatarisch für Edelknaben). Entsprechend der Mode wurden die Späh- und Stoßtrupps mit Turbanen, Kaftans und weiten türkischen Hosen uniformiert. Die Anzahl muslimischer Soldaten im preußischen Heer wuchs auf etwa 1 000 an. Sie erhielten einen eigenen Vorbeter (Imam). Ihre Schießübungen sollen die Preußen auf türkisch aussehende Pappkameraden gemacht haben. Während Friedrich II. seine Soldaten als Kanonenfutter betrachtete und jeden Deserteur mit dem häufig zum Tode führenden Spießrutenlauf bestrafen ließ, war er zugleich der aufgeklärte Landesfürst, der im zivilen Bereich die Folter abschaffte und jedem die freie Ausübung seiner Religion garantierte: »Alle Religionen sind gleich und gut, wenn nur die Leute, so sie bekennen, ehrliche Leute sind. Und wenn Türken und Heiden kämen und wollten das Land peuplieren, so wollen wir ihnen Moscheen und Kirchen bauen.«

Wechselnde Allianzen

Bevor Ende des 17. Jahrhunderts die Türkenmode einsetzte, hatte es eine lange Vorgeschichte von Berührungen mit dem Osmanischen Reich gegeben, die überwiegend von Angst und Bedrohung geprägt war, aber auch von Bündnissen.

Sigismund, der Sohn Kaiser Karls IV., war 1387 König von Ungarn geworden und hatte es dort mit Angriffen des Osmanischen Reichs zu tun. Bei einem Feldzug gegen die Osmanen kam es in

Bulgarien zu einer großen Schlacht, an der auch zwei Söhne aus dem Hause Hohenzollern teilnahmen. Die Schlacht ging verloren, Sigismund und die beiden Hohenzollern flüchteten gemeinsam über die Donau gen Norden. Sigismund machte einen der beiden, Friedrich, zum Verwalter und dann Lehnsherr der Mark, der zudem die Kurwürde besaß, d. h. das Recht zur Wahl des Kaisers. So begann die bis 1918 andauernde Herrschaft der Hohenzollern in Brandenburg.

Kurfürst Friedrich II. von Brandenburg musste 200 Reiter und 300 Fußsoldaten zur Reichstruppe beisteuern, als der Reichstag des Heiligen Römischen Reiches die sogenannte »Türkenhilfe« beschloss. Die Osmanen hatten 1453 Konstantinopel erobert, was für die europäischen Mächte eine ideelle wie wirtschaftliche Katastrophe darstellte. Die Angst vor der »türkischen Gefahr« nahm nach diesem einschneidenden Ereignis deutlich zu. In vielen Regionen zahlte man eine »Türkensteuer« zur Unterstützung der Truppen. Nicht selten wurden diese Zahlungen missbraucht oder bewusst in die Höhe getrieben. Zur moralisch-geistigen Solidarität mit den Kämpfern gegen die »Türkengefahr« wurde zum wöchentlichen Buß-, Fasten- und Bettag aufgerufen. Den Kampf gegen das Osmanische Reich stilisierte man zum Kampf der Christenheit gegen die »Mohammedaner«.

Als das osmanische Heer 1532 zum ersten Mal vor Wien stand, schickte Brandenburg 2500 Soldaten. Kurprinz Joachim (später Kurfürst Joachim II.) wurde nach der Schlacht bei Wien als großer Kämpfer gefeiert, obwohl die türkischen Truppen kampflos den Rückzug angetreten hatten und Joachim nur einen kleinen zersprengten Truppenteil auf einem engen Pass vernichtend geschlagen hatte. Mit großem Glockengeläut zog er in Berlin ein. Sein Vater ließ ein Dankfest veranstalten und die einheimischen Chronisten überschlugen sich vor Lobeshymnen. Die Stilisierung der heroischen »Türkenabwehr« war schon deshalb opportun, um die Bittgottesdienste, Türkenglocken und Türkensteuer psychologisch zu motivieren.

Von einer vereinten christlichen Front gegen die Andersgläubigen, wie es propagandistisch gerne hieß und mithilfe von Buchdruck und beginnendem Postwesen verbreitet wurde, kann aber nicht die Rede sein. Beispielsweise verbündete sich Franz I. von Frankreich 1536 mit den Türken, denn der unterlegene Konkurrent Karls bei der Kaiserwahl fühlte sich durch die habsburgische Umklammerung seines Landes bedroht.

Das Verhältnis europäischer Fürsten und Könige zum Osmanischen Reich wurde von den jeweiligen Beziehungen zu den mächtigen Habsburgern mitbestimmt. Deren Allianzen zogen Gegenallianzen nach sich. So paktierte auch Schweden mit den Osmanen gegen die Polen. Reformierte Kräfte drohten den Katholiken mit einem Bündnis mit den Türken, und in den Niederlanden hieß es im Kampf gegen das katholische Spanien: »Lieber türkisch als päpstlich!«

Der brandenburgische Kurfürst allerdings nahm eine vermittelnde Position zwischen den katholischen und protestantischen Ländern ein und wurde zum obersten Feldhauptmann ernannt, der die Reichstruppen gegen die Türken in Ungarn anführen sollte. Die Eroberung des türkisch besetzten Gebiets misslang, nicht zuletzt weil viele der zwangsverpflichteten Soldaten meuterten oder elendig zu Tode gekommen waren. Diesmal wurde Joachim II. bei seiner Rückkehr nach Berlin nicht wie zehn Jahre zuvor mit Pomp und Pauken empfangen.

Um 1550 umfasste das Osmanische Reich ein Gebiet, das von Ungarn bis nach Nordafrika, von Bosnien bis zum Kaukasus und zum Irak reichte. Sein Expansionsdrang gen Norden konnte vor Wien gestoppt werden, doch der Ruf, der den Türken vorauseilte, blieb noch lange im Gedächtnis: Sie galten als die grausamen Krieger, die ihre Feinde köpften und aufspießten, die Frauen schändeten und Kinder quälten. Die Rezeption von Martin Luthers Texten »Vom Krieg wider die Türken« und »Heerpredigt wider die Türken« von 1529 sind ein beredtes Beispiel dafür, wie die Botschaft des Reformators als ein direkter Aufruf zum Kampf gegen die »Heiden« verstanden wurde.

Ging es Luther vor allem um die Läuterung der Christen nach reformatorischen Prinzipien, also um die Durchsetzung seiner theologischen Ideen, setzten die Katholiken Türken mit dem Teufel gleich, der nur mit Waffengewalt zu bekämpfen ist. Der Sieg über die Türken wurde ikonographisch mit dem Marienkult verknüpft. Die Madonna auf der Mondsichel, die sogenannte Türkenmadonna, symbolisierte den katholischen Triumph über das Osmanische Reich.

Wer die Gewalt der gegnerischen Seite zuweist, verschweigt, dass auch die eigene Partei keineswegs friedliebend war. Zeitgenössische Quellen berichten von »Fässern voller Türkenköpfe«, die auf der Leipziger Neujahrsmesse 1648 zum Verkauf angeboten worden seien. Und der Brandenburger Feldscher und Barbier, Johann Dietz, erinnert, dass man den Opfern »die Haut abgezogen, das Fett ausgebraten und die membra virilia (Penis) abgeschnitten und große Säcke voll gedörret und aufbehalten. Als woraus die allerkostbarste mumia gemacht wird. Sie wurden auch meistens aufgeschnitten und die Eingeweide durchsuchet, ob etwa (…) Dukaten verschlucket gefunden würden.« Mumia galt als ein Heilmittel, das ursprünglich aus ägyptischen Mumien gewonnen wurde und bis ins 20. Jahrhundert hinein in deutschen Apotheken verkauft worden sein soll.

Die Menschen in Berlin beteten zwar auch: »Vor Türken, Pestilenz und Noth, bewahre uns der Herre Gott«, aber sie bekamen keine osmanischen Truppen zu sehen. Jedenfalls nicht vor 1683, als die Türken bei Wien zurückgeschlagen werden konnten und zahlreiche Gefangene gemacht wurden, die teilweise bis in den hohen Norden gelangten. Bis dahin gab es für Berlin und Brandenburg nur mittelbare Berührungspunkte, etwa über Soldaten, die aus dem Krieg gegen die Türken zurückkamen.

Kriegsbeute in Livree

Während in der ersten Hälfte des 17. Jahrhunderts wenig Neues über die Osmanen bis nach Berlin drang, kam es nach deren Verwüstung von Teilen Schlesiens und Mährens zu einer neuen Welle von Berichten über ihre Gräueltaten. Der brandenburgische Kurfürst erließ 1664 die Verordnung, jeden ersten Mittwoch im Monat einen Buß-, Fasten- und Bettag einzulegen. Wörtlich heißt es: »... alle Geschäfte und weltlichen Handthier- und Verrichtungen (sollen) eingestellt werden, und sich jedermann des Spazirengehens, Fressen und Sauffens, und in Summa alles unziemlichen Wesens gäntzlich (...) enthalten.« Als Ende des 17. Jahrhunderts das Berliner Zeughaus entstand, fertigte der Bildhauer Andreas Schlüter 22 »Köpfe sterbender Krieger« als Schlusssteine der Rundbogenfenster im Erdgeschoss des Innenhofs. Teilweise sind sie als Türken zu erkennen. »Den Feinden zum Schrecken«, wie die Inschrift heißt, zeigt die Enthaupteten als damals gängiges Trophäenmotiv. Dass Schlüter damit die Schrecken des Krieges habe andeuten wollen, ist eine Interpretation aus späterer Zeit.

Brandenburgische Truppen waren bei Kämpfen in der heutigen Slowakei dabei. An der großen Schlacht auf dem Kahlenberg von 1683 vor Wien waren sie zunächst nicht beteiligt, da es zu Unstimmigkeiten mit dem deutschen Kaiser gekommen war. Erst nachdem diese beseitigt waren, wurden Hilfskorps nach Ungarn ausgeschickt.

Daher war die Kriegsbeute und das, was davon heute noch in Berliner Museen übrig ist, vergleichsweise bescheiden. Die großen Sammlungen türkischer Kunstgegenstände, Waffen und Preziosen besaßen der badische Markgraf Ludwig Wilhelm, der sogenannte Türkenlouis, der sächsische Kurfürst August der Starke und natürlich der Anführer der Schlacht, der polnische König Jan Sobieski. Der Großteil ihrer »Türkenbeute« ist heute in den entsprechenden Museen zu sehen, etwa im Badischen Landesmuseum Karlsruhe oder in der Rüstkammer des Historischen Museums Dresden.

Als Beutestücke der Kriege kamen nicht nur Waffen, Zelte und Uniformen nach Berlin und Brandenburg, sondern auch Frauen und Männer. Ihre genaue Anzahl ist nicht bekannt. General Schöningh hatte 1686 eine Türkin mitgebracht, die später Geliebte des sächsischen Königs August des Starken wurde. In der Berliner Domkirche wurden in den Jahren bis 1700 sogenannte Türkentaufen abgehalten: fünfzehn Erwachsene und zahlreiche Kinder traten zum christlichen Glauben über. Bei einigen von ihnen fungierten die Kurfürstin und der Kurfürst als Paten. Sie erhielten die typischen Namen der Hohenzollern, wie Charlotte Sophia, Fridericia und Friedrich. Berühmt wurden zwei »Kammertürken« der späteren ersten Königin in Preußen, Sophie Charlotte: Der wahrscheinlich um 1684 als 20-jähriger in Kriegsgefangenschaft geratene Türke Aly wurde zum getauften Kammertürken Friedrich Aly. Er sollte später einen bekannten Nachfahren haben, den Berliner Historiker Götz Aly. Der andere war Friedrich Wilhelm Hassan, der als 14-jähriger mit Sophie Charlotte von Hannover nach Berlin gekommen war. Zum Hofstaat gehörte auch die Türkin Fatme, die nach dem Tod der Königin weiterhin zum besoldeten Personal gehörte. Glaubt man den zeitgenössischen Berichten, so hatte die Königin ein enges Verhältnis zu ihren türkischen Dienern, das sich u.a. in einem verhältnismäßig hohen Lohn ausdrückte. An ihrem Totenbett sollen Aly und Hassan die Letzten gewesen sein, von denen sie sich verabschiedete.

Noch heute finden sich einige Porträts von Türkinnen und Türken im Schloss Charlottenburg, etwa im Ankleidezimmer der zweiten Wohnung von Sophie Charlotte. Dort sind über den Türen das Bildnis der Türkin Ummi (auch Umy) als Maria und das ihres Bruders als Christus mit der Weltkugel zu sehen. Beide Supraporten wurden um 1702 von Anthoni Schoonjans gemalt. Ummi soll der Mutter von Sophie Charlotte als Kammerfräulein, ihr Bruder als Jagdbereiter gedient haben.

Die Vorliebe für das Exotische machte die Turbanträger zu beliebten Staffagen bei Empfängen und kleineren Tischgesellschaften. Dazu passend war es der neueste Schrei, Kaffee, Tee und heiße Schokolade einzunehmen und Tabak zu schnupfen oder zu rauchen. Der Kaffee war zwar seit längerem bekannt, wurde aber erst zum Modegetränk an den europäischen Adelshöfen, nachdem der türkische Gesandte Suleiman beim Besuch in Versailles 1669 den Sonnenkönig Ludwig XIV. damit beschenkt hatte. Es heißt auch, dass die Türken bei der Schlacht vor Wien in eiliger Flucht einige Kaffeesäcke zurückgelassen und damit das Fundament der Wiener Kaffeehaus-Kultur gelegt haben. Und die Wiener Kipferl sollen von einem lokalpatriotisch gesinnten Bäckermeister erfunden worden sein, der mit ihrer Halbmond-Form an den Sieg über die Türken erinnern wollte.

Als orientalische Sitte galt auch der Konsum von Tabak. Sophie Charlotte besaß vier Dosen für Schnupftabak. Nicht nur geschnupft, sondern auch geraucht wurde ab 1709, damals glaubte man an die medizinische Wirkung des Tabaks zur Vorbeugung gegen die Pest. Friedrich I. war ein passionierter Raucher, regelmäßig hielt er Tabakskollegien in geselliger Runde ab. Wer dabei nicht rauchte, musste Geld für wohltätige Zwecke spenden.

Friedrich Aly wurde nach dem Amtsantritt von Friedrich Wilhelm I. 1713 von der Gehaltsliste gestrichen. 1715 musste er sein Haus verkaufen. Der ehemalige Kriegsgefangene, der als einer der ersten Bürger Charlottenburgs den Bürgereid geleistet hatte, starb kurze Zeit später, ebenso seine Frau, beide wurden auf dem Friedhof der Parochialkirche beigesetzt. Der zweite Kammertürke Wilhelm Hassan bat den König um finanzielle Unterstützung, stieß aber auf Ablehnung und starb mit 56 Jahren 1728. Somit war die Ära der türkischen Diener für die nächsten Jahrzehnte vorbei. Auch die prachtvollen Kostümfeste, zu denen sich Männer mit Turbanen und Krummsäbel schmückten und Frauen als Haremsdamen verkleideten, gehörten nun am Hof der Hohenzollern der Vergangenheit an. Turniere und Kriegsspiele, in denen die Türkengefahr inszeniert wurde, waren angesichts der fehlenden Bedrohung durch das Osmanische Reich bereits aus der Mode gekommen.

Türken reiten durch die Stadt

Der erste türkische Gesandte in Berlin war Azmi Said Efendi, der 1701 mit einem 15-köpfigen Gefolge anreiste, um Friedrich I. anlässlich seiner Krönung zum König Glückwünsche zu übermitteln. In der Zeitschrift *Der Bär* vom 1. Oktober 1875 heißt es, dass die Gesandtschaft siebeneinhalb Monate geblieben sei und »ungeachtet des ungewöhnlichen Klimas und der Nahrungsmittel« habe keiner »sein Herkommen mit dem Tode zu büßen« gehabt.

Während der Regierungszeit Friedrich Wilhelm I. entstand die erste islamische Gemeinde in einem deutschsprachigen Land. Der Herzog von Kurland hatte dem König 1731 eine kleine Gruppe von Soldaten »geschenkt«, die Muslime waren. Sie wurden Türken genannt, waren aber wohl Tataren. Beide Ethnien gehören zu den Turkvölkern, die ursprünglich aus Zentralasien kamen und heute in verschiedenen Ländern Vorderasiens angesiedelt sind. Zur Religionsausübung wurde ihnen ein Betraum eingerichtet.

Um allerdings den Dienstablauf nicht zu stören, mussten die Muslime ihren wöchentlichen Ruhe- und Bettag vom Freitag auf den christlichen Sonntag verlegen.

Während es unter dem Soldatenkönig keinen einzigen Krieg gegeben hatte, demonstrierte Friedrich II. mit der Besetzung Schlesiens noch in seinem ersten Regierungsjahr 1740, dass er auf der europäischen Bühne eine wichtige Rolle zu spielen gedachte. Das Osmanische Reich als Bedrohung der Habsburger von Süden her kam ihm da nur gelegen. Seine heimlichen Bemühungen um Bündnisse waren allerdings nicht sehr erfolgreich. Er schickte einen als Kaufmann getarnten und mit dem Decknamen Karl Adolf von Rexin versehenen Gesandten 1755 nach Istanbul. Dieser kam mit dem mageren Versprechen des Sultans Mustafa III. zurück, ein Freundschafts- und Handelsabkommen abzuschließen. Das von Friedrich gewünschte Kriegsbündnis kam nicht zustande. Ein Jahr später reiste von Rexin noch einmal nach Istanbul, diesmal mit dickeren Geldbeuteln. Geschlagene drei Jahre sollte es dauern, bis er überhaupt eine Audienz erhielt, und noch einmal zwei Jahre dauerte es, bis er im März 1761 das Freundschafts- und Handelsabkommen in den Händen hielt.

Friedrich II. war 1786 gestorben, sein Neffe Friedrich Wilhelm II. unterstützte osmanische Aufstände an den Rändern des Habsburgerreichs. Die Habsburger gingen daraufhin zur Schadensbegrenzung einen Kompromiss mit Preußen ein: keine Annexionen von osmanischen Gebieten, wenn Preußen aufhörte, die Aufständischen zu unterstützen. Im Juli 1790 wurden die entsprechenden Vereinbarungen unterzeichnet. Kurz zuvor hatte Preußen mit dem Osmanischen Reich ein Defensiv- wie Offensiv-Bündnis geschlossen, das Preußen weitreichende Verpflichtungen zuwies. »Soweit es in unseren Kräften stehen wird, und es die Umstände erlauben, insbesondere auf die Rückgewinnung der im gegenwärtigen Kriege seitens der Hohen Pforte (so nannte man die Re-

Der preußische König Friedrich Wilhelm II. empfängt den türkischen Gesandten Ahmed Azmi Efendi im Jahr 1791.

gierung des Osmanischen Reichs) verlorenen Gebiete.« Nur mit diesem angefügten Passus blieb man davor bewahrt, für die von Tataren und anschließend von Russland besetzte Krim einzustehen. Sultan Selim III. allerdings drang darauf, dass Preußen Russland angreifen sollte.

Im Februar 1791 traf erneut eine Gesandtschaft des Osmanischen Reichs unter der Leitung von Ahmed Azmi Efendi in Berlin ein, um dieser Forderung mehr Nachdruck zu verleihen. Doch vergeblich, Friedrich Wilhelm II. weigerte sich anzugreifen. Elf Monate blieb die Gesandtschaft in der Stadt. Ahmed Azmi studierte eingehend das preußische Staatswesen und schlug dem Sultan in seinem Gesandtschaftsbericht eine Verwaltungsreform nach preußischem Vorbild vor. In Preußen selbst fand man seine Einrichtungen nicht mehr so vorbildlich, einige Jahre später wurden grundlegende Reformen vorgenommen.

Mit dem Gesandtschafts-Besuch endete die Tätigkeit des preußischen Diplomaten Heinrich Friedrich von Diez in Istanbul. Er war seit 1784 dort tätig gewesen und machte sich nun als Orientforscher einen Namen. Der Verfasser der »Denkwürdigkeiten von Asien in Künsten und Wissenschaften, Sitten, Gebräuchen und Alterthümern, Religion und Regierungsverfassung« war ein wesentlicher Vermittler des Orients für Goethe. Diez' Nachlass von orientalischen Miniaturen und Büchern bildet heute ein kostbares Fundament der Sammlung orientalischer Handschriften der Staatsbibliothek zu Berlin. Die Vermittlung von Kenntnissen über den Orient korrespondierte mit dem sich verändernden Türkenbild. In Lessings *Nathan der Weise* ist nicht nur der Jude, sondern auch der osmanische Herrscher ein kluger und toleranter Kopf. Schwärmerei und Idealisierung, aber auch Klischees und auf den Orient projizierte Sehnsüchte finden sich in vielfältiger Form. Johann Wolfgang von Goethes 1819 entstandener *West-östlicher Divan* ist eine Gedichtsammlung, die von großer Empathie für den Orient und die islamische Religion geprägt ist:

»Wer sich selbst und andere kennt,
Wird auch hier erkennen:
Orient und Okzident
Sind nicht mehr zu trennen.«

Neben Lessing und Goethe waren es vor allem Johann Jakob Reiske, Johann Gottfried Herder, Friedrich Rückert und Bettina von Arnim, die sich wissenschaftlich oder literarisch mit dem Osmanischen Reich und dem Koran befasst haben.

Preußisches Militär für Istanbul

Dem Besuch des Gesandten Ahmed Azmi Efendi folgte 1798 der von Ali Aziz Efendi. Der Diplomat, der auch als Dichter und Philosoph bekannt ist, starb keine fünfzig Jahre alt noch im Jahr seiner Ankunft in Berlin. Woran, ist nicht überliefert. Karl Friedrich Schinkel gestaltete einen Entwurf für ein Grabmal, der jedoch nicht realisiert wurde. Friedrich Wilhelm III. ließ anlässlich der Bestattung von Ahmed Azmi Efendi einen ersten muslimischen Friedhof auf 475 Quadratmetern der Tempelhofer Feldmark an der heutigen Urbanstraße errichten. 70 Jahre später wurde er an den heutigen Columbiadamm verlegt.

Zwischen Preußen und dem Osmanischen Reich waren die Beziehungen im 18. Jahrhundert freundlich, aber weitgehend interesselos. Dies änderte sich gegen Ende des Jahrhunderts, vor allem auf militärischer Ebene. Sultan Selim III. bat den König, preußische Berater für eine Modernisierung seiner Armee zu senden.

Traditionell hatten die Osmanen ein wesentlich engeres Verhältnis zu den Franzosen und auch jetzt stellten diese ein größeres Kontingent an Beratern. Doch Napoleons Expedition nach Ägypten im Jahr 1798, die eigentlich gegen die englische Flotte im Mittelmeer gerichtet war, wertete die Hohe Pforte als Angriff auf Ägypten, das zum Osmanischen Reich gehörte; Frankreich wurde zum Feind erklärt und das Verhältnis zu Preußen konnte enger werden.

Um die militärische Ausbildung zu verbessern, schickte man ab 1827 türkische Offiziersschüler auch in preußische Truppen-

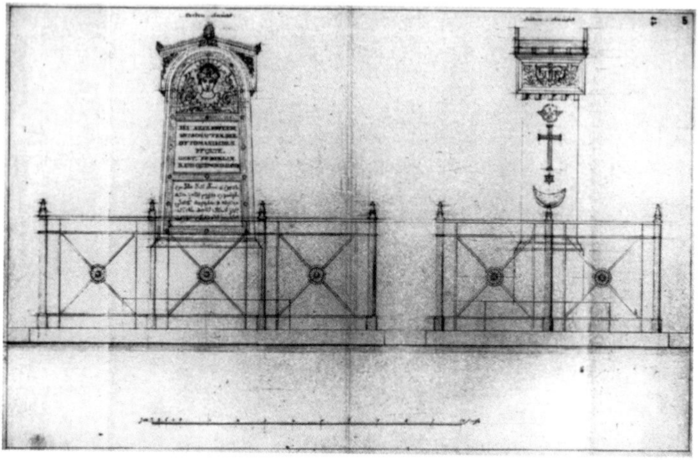

Karl Friedrich Schinkel entwarf ein Grabmal für Ali Aziz Efendi, das aber niemals gebaut wurde.

verbände und gründete 1834 eine Kriegsschule. In dieser Phase der Reformierung wurden die Regierungsbehörden nach europäischem Vorbild umbenannt in Ministerien, allerdings blieben die Strukturen die gleichen und somit die Reformen oberflächlich. Die Europäisierung führte auch zu einer Bekleidungsreform, so wurde der Turban verboten und vom nordafrikanischen Fes abgelöst. Später unter Mustafa Kemal Atatürk war der Fes dann noch zu wenig europäisch, er wurde 1924 verboten. Atatürk trug demonstrativ einen Herrenhut.

Über die türkischen Offiziersschüler in Berlin und Potsdam gibt es keine weiteren Informationen. Ob sie eines der beliebten Lokale Charlottenburgs, das »Türkische Zelt«, kannten, ist fraglich. Wie dieses gutbürgerliche Lokal, das an der heutigen Otto-Suhr-Allee 50–54 stand, 1816 zu seinem Namen kam, ist unklar. Es war auf jeden Fall kein Zelt, sondern ein feststehendes

Gebäude. Angeblich hatte die damalige Besitzerin Sophie Friederike Pauly ein Zimmer im türkischen Stil eingerichtet, wo der türkische Gesandte häufig gespeist haben soll. Ein anderes türkisches Zelt stand im Charlottenburger Schlosspark und wurde von König Friedrich Wilhelm III. genutzt. Möglicherweise diente es als Namensgeberin für das nahe gelegene Lokal.

Zwischen 1835 und 1839 schickte man weitere preußische Offiziere als Berater der osmanischen Armee nach Istanbul. Unter ihnen war Oberst Helmuth von Moltke, dessen Reiseberichte ob ihrer Anschaulichkeit berühmt wurden.

Keine Moschee für Potsdam

Nachdem König Wilhelm III. 1839 seine Offiziere wieder abgezogen hatte und sich nicht zu einem Bündnis mit den Türken gegen die sie bedrohenden Russen entschließen mochte, kam es zwischen den beiden Ländern in den nächsten vier Jahrzehnten zu keinen intensiveren diplomatischen Kontakten. Das Osmanische Reich kämpfte in dieser Zeit um sein Überleben. Autonomiebestrebungen, Aufstände und Kriege erschwerten die Kontrolle großer Territorien bzw. führten zu ihrem Verlust; der wirtschaftliche Einfluss von Frankreich und insbesondere England führte das Osmanische Reich in eine fast koloniale Abhängigkeit. Die einstige Großmacht wurde zum »kranken Mann am Bosporus«, wie man das Land bald nur noch zu nennen pflegte.

Derweil erlebte Berlin einen rasanten wirtschaftlichen Aufschwung. August Borsigs Dampfmaschinen-Produktion brachte nicht nur Arbeitsplätze, sondern dieses technische Wunderwerk ermöglichte auch, die seit Mitte des 18. Jahrhunderts bestehende große Fontäne im Potsdamer Schlosspark Sanssouci und andere Wasserspiele endlich zum Leben zu erwecken. Friedrich Wilhelm

Das Potsdamer Dampfmaschinenhaus von 1841/42 sieht von außen aus wie eine Moschee.

IV. ließ zu diesem Zweck 1841/42 ein Dampfmaschinenhaus an der Neustädter Havelbucht errichten. Der kunstsinnige Geist legte dabei Wert auf die äußere Form. Kein schnöder Zweckbau wurde errichtet, sondern eine »Moschee« mit Kuppel und Minarett. Selbst im Inneren ist sie prächtig ornamentiert. Dem Architekten Ludwig Persius ist es gelungen, sie so täuschend echt zu gestalten, dass noch heute so mancher Besucher an der Nase herumgeführt werden kann mit der »Moschee in Potsdam«.

In Berlin lebte laut Bevölkerungsstatistik um 1850 eine weibliche Person aus dem Osmanischen Reich. Wer sie war, was sie nach Berlin verschlagen hatte und wie sie lebte, bleibt wohl für immer im Dunkeln. In den folgenden Jahrzehnten tauchen kaum mehr Türken in den Statistiken auf. Mal sind es sechs, mal 16. Auch über sie findet sich nichts in Archiven. Doch gegen Ende des 19. Jahrhunderts änderte sich die Situation.

Kanonen, Züge und Zigaretten

Verbündete im Deutschen Reich

Diplomatische Treffen in Berlin

1875 musste das Osmanische Reich nach einer unruhigen Zeit von innenpolitischen Reformversuchen, außenpolitischen Niederlagen und ökonomischen Krisen den Staatsbankrott erklären. Zudem opponierten die türkischen Vasallenstaaten und die russische Armee gelangte bis kurz vor Istanbul.

Der Kanzler des Deutschen Reichs, Otto von Bismarck, nutzte die Gelegenheit, als vermittelnde Instanz zur Klärung der Lage in sein Berliner Palais zu laden. Da er am Balkan weder ein wirtschaftliches noch ein politisches Interesse hatte, bezeichnete er sich selbst als »ehrlichen Makler« in der »Orientalischen Frage«, wie die Suche nach dem Machtausgleich in Südosteuropa und Vorderasien genannt wurde. Vom 13. Juni bis zum 13. Juli 1878 dauerten die Verhandlungen. Auf dem berühmten Gemälde vom Historienmaler Anton von Werner sieht man die drei Vertreter des Osmanischen Reichs mit Fes und Epauletten am rechten Bildrand stehen: Alexander Kara Todori, Sadullah Bey und Mehmet Ali Pascha. Kara Todori war Fanariot, d.h. ein griechischstämmiger Beamter aus dem heutigen Istanbuler Stadtteil Fener. Nach den Erinnerungen eines Mitglieds der deutschen Delegation »gewann (er) durch seine taktvolle und intelligente Haltung die Sympathie aller Kongressleute, auch die von Otto von Bismarck, der sonst für die Türken, die mit ihrer Entschlusslosigkeit alles erschwerten, nicht viel übrig hatte.«

Der Kongress zu Berlin, dokumentiert in einem Auftragswerk des Berliner Magistrats vom Hofmaler Anton von Werner (1881).

Gegenteilige Reaktionen soll Mehmet Ali Pascha hervorgerufen haben. Er war ein aus Brandenburg an der Havel stammender Renegat, wie man die zum Islam konvertierten Christen eher abfällig nannte. Er war auf abenteuerliche Weise nach Istanbul gekommen und hatte im Osmanischen Heer Karriere gemacht. Bismarck und die deutsche Delegation sollen seine Berufung als Konferenzteilnehmer als eine »Taktlosigkeit« verstanden haben, während die Osmanen in der Wahl eines deutschstämmigen Repräsentanten eine besondere Respekterweisung gegenüber den Deutschen sahen. Der erste Bundespräsident der Bundesrepublik Deutschland, Theodor Heuss, der während des Ersten Weltkrieges als Mitarbeiter des Deutschen Werkbundes in Istanbul tätig war, widmete dem Feldmarschall 1948 einen Essay. Ein Nachfahre von Mehmet Ali Pascha ist der berühmte türkische Dichter Nazım Hikmet.

Das dritte Delegationsmitglied, Sadullah Bey, war Botschafter des Osmanischen Reichs in Berlin. Von ihm überlieferte Äußerungen bekunden sein Fremdheitsgefühl im Westen; für ihn waren »Orient und Okzident doch vollkommen gegensätzlich«.

Die neue geopolitische Landschaft wurde über die Köpfe der betroffenen Länder hinweg von den wenigen Großmächten Europas gestaltet. Die auf dieser Konferenz beschlossenen neuen Grenzen im Balkan sorgen bis in die Gegenwart für Zündstoff. Zum Abschluss des Kongresses fand im Zoologischen Garten ein großes Konzert statt, auf dem für alle Nationen Musik gespielt wurde. Dem Osmanischen Reich widmete man Mozarts *Marcia alla turca* und Donizettis *Sultansmarsch*. 25 000 Menschen sollen dabei gewesen sein.

Neue Märkte, neue Verbündete

Das Osmanische Reich hatte seit 1877 eine ständige Vertretung in Berlin, die bilateralen Beziehungen intensivierten sich nach der Berliner Konferenz erheblich. Die rasante Industrialisierung in Westeuropa verlangte nach Rohstoffen und Absatzmärkten. Das erkannte man nun auch im Deutschen Reich, dessen Industrialisierung sich in der zweiten Hälfte des 19. Jahrhunderts enorm entwickelte.

Der 1880 in Berlin gegründete *Deutsche Handelsverein* sah sein Hauptaktionsfeld im Osmanischen Reich und in Griechenland. Sultan Abdulhamid II. schloss 1888 mit einem Konsortium unter der Leitung der Deutschen Bank ein Abkommen über den Bau einzelner Eisenbahnabschnitte bis nach Bagdad, die gewissermaßen eine Verlängerung des Orient-Express, der von Paris nach Istanbul führte, darstellten. Die im Laufe von vier Jahrzehnten auf eine Länge von 2250 Kilometern anwachsende Bagdad-Bahn sollte den Handel befördern. Darüber hinaus hatte sie militärstrategische Bedeutung für die Deutschen, man wollte den Engländern in ihrem Expansionsdrang Paroli bieten. Während des Ersten Weltkriegs griff der Engländer Thomas Edward Lawrence, der legendäre »Lawrence von Arabien«, gemeinsam mit aufständischen Arabern eine ebenfalls wichtige, unter deutscher Bauleitung errichtete Bahnstrecke an, die von Damaskus nach Medina führte, zerstörte Brücken und Lokomotiven, etliche davon bei Borsig in Berlin gebaut. Deutsche Banken vergaben Kredite für den anatolischen Bahnbau und die Ausführung wurde dem deutschen Holzmann-Konzern übertragen. Filialen der *Deutschen Orientbank* entstanden u.a. in Adrianopel und Konstantinopel. Längs des östlichen Mittelmeeres wurden Filialen der *Deutschen Palästinabank* gegründet.

Neben dem Handel und deutschen Direktinvestitionen war ein wichtiger Faktor in den deutsch-türkischen Beziehungen die militärische Kooperation, die wiederum der deutschen Schwerindustrie zugute kam. 1880/82 reiste eine Delegation preußischer Militärs unter der Leitung des Generals Otto Kähler nach Konstantinopel. Sultan Abdulhamid hatte Preußen um Unterstützung im Reformierungsprozess seiner Armee gebeten. Es sollte insbesondere die Ausbildung modernisiert werden. Das Deutsche Reich beäugte misstrauisch Russlands Expansionsstreben im Balkan und bewertete das Osmanische Reich nun als einen strategisch wichtigen Partner gegen die Russen.

Alfred Krupp, der schon seit längerem Kontakte zum Osmanischen Reich pflegte, wurde neben Loewe in Berlin und Mauser in Oberndorf Hauptlieferant für die Neuausrüstung des osmanischen Heeres nach deren Niederlage gegen Russland 1877. Das Essener Unternehmen lieferte vor allem Kanonen, z.B. zur Befestigung des Bosporus, der strategisch so wichtigen Verbindung zwischen dem Schwarzen Meer und dem Mittelmeer.

Mit der Bagdad-Bahn entstand eine durchgehende Zugverbindung von Hamburg bis Bagdad.

Die deutschen Militärberater hatten das ihre dazu beigetragen, dass sich das Osmanische Reich für die deutsche Waffenindustrie entschied. Der militärische Sieg Deutschlands über Frankreich im Jahr 1871 war dabei ein gutes Argument. Führender Kopf der Verhandlungen war der preußische Generalfeldmarschall Colmar Freiherr von der Goltz, der von 1883 bis 1896 vor allem die Kriegsakademien und Kadettenschulen im Osmanischen Reich reformierte. Die enge Verbindung zwischen dem türkischen und deutschen Militär gründete sich vor allem auf sein diplomatisches Geschick. Er war einer der wenigen preußischen Offiziere, die sich die türkische Sprache aneigneten und für türkische Kultur interessierten. Im Ersten Weltkrieg kam er für das osmanische Heer erneut zum Einsatz. Es heißt, dass neben seinem verbindlichen Auftreten das bereitgestellte Bakschisch die türkischen Entscheidungsträger von der Qualität deutscher Waffen überzeugt hätte. Die heute Korruption genannte Sitte, Aufträge oder Ämter gegen eine entsprechende Bezahlung zu vergeben, war im Osmanischen Reich eine Jahrhunderte währende Tradition. Gelder zu vergeben ist etwas anderes, als Gelder anzunehmen. Auf Goltz geht die Äußerung zurück: »Ein preußischer Offizier nimmt keine Trinkgelder«.

Dass sie kein Geld von der ausländischen Regierung oder dem deutschen Generalstab annehmen sollten, riet auch Ahmed Tevfik Pascha, der von 1885 bis 1895 türkischer Botschafter in Berlin war, seinen die Preußische Kriegsakademie besuchenden Söhnen. Er betont, dass dies in Deutschland verboten sei und Ehre und Ansehen schade. Seine Söhne gehörten zu der Gruppe von jungen Türken der gesellschaftlichen Elite, die nach Deutschland bzw. Berlin kamen, um hier zu Offizieren ausgebildet zu werden. Mit den viel gepriesenen preußischen Tugenden schien es allerdings nicht weit her zu sein, denn der Sultan soll nicht begeistert über das Ergebnis preußischer Ausbildung gewesen sein. Es heißt, die jungen Türken hätten sich mehr dem gesellschaftlichen Leben als dem militärischen Dienst gewidmet, was damals auch unter deutschen Offizieren wohl eher zur Gewohnheit als zur Ausnahme zählte. Allerdings darf dies nicht überbewertet werden. Wenn man den Tagebuchaufzeichnungen von Ekrem Rüştü Akömer, eines 1911/1912 in Potsdam stationierten türkischen Leutnants, Glauben schenken darf, so versah er täglich mindestens neun Stunden Dienst, wobei er selbst auch Rekruten zu unterweisen hatte. Aber dann ging es fast jeden Abend los ins Vergnügen: »Ich zog Zivil an und fuhr nach Berlin.« Er besuchte Kasino und Theater, Tanzcafés und Restaurants, die Eis- und Rollschuhbahn.

Im Ersten Weltkrieg kämpfte Ekrem Rüştü Akömer auf Seiten der Deutschen. Nach dem Krieg vertrat er verschiedene deutsche und österreichische Firmen in Konstantinopel und wurde zu einem der ersten Sportfunktionäre in der Türkei. Als Mitbegründer des Türkischen Olympischen Komitees besuchte er 1936 die Olympischen Spiele und engagierte sich in der Folge für den türkisch-deutschen Sportjugendaustausch. Vom Bundespräsidenten Gustav Heinemann wurde er 1972 für sein Engagement mit dem Verdienstkreuz I. Klasse ausgezeichnet.

Dass das Verhältnis zwischen deutschen und türkischen Soldaten nicht immer leicht gewesen ist oder von deutscher Seite eine gewisse Ignoranz bestand, zeigt der Umstand, dass willkürlich Namen von türkischen Rekruten geändert wurden. Da es im Osmanischen Reich keine Nachnamen gab, sondern der Name aus Vornamen und eventuellem Dienstgrad bestand, wurde dieser einfach dem deutschen System angepasst, um Verwandtschaftsgrade deutlich zu machen. So etwa im Falle der Söhne des türkischen Botschafters in Berlin, Ahmed Tevfik Pascha, die Ismail Hakkı und Ali Nuri hießen und umbenannt wurden in Tevfik I Ismail und Tevfik II Ali. Ihrem Vorgesetzten Oberst Graf von Roedern sollen ihre hohen preußischen Orden missfallen haben, die Wilhelm II. bei seinem Besuch in Konstantinopel freigiebig verteilt hatte. Sie berichten von ihrer ersten Begegnung mit dem Kaiser, die nicht ohne Komik war: Als Neuzugänge in der Zweiten Garde des Dragonerregiments hatten sie sich dem Kaiser zu präsentieren, indem sie während des Manövers im Galopp auf den zuschauenden Kaiser zuritten, zehn Schritte vor ihm stoppten, salutierten und ihre Ankunft meldeten. Als sie in ihren türkischen Uniformen also auf den Kaiser zugaloppierten, ritt dieser davon. Ob ihn der Schreck dazu veranlasste, bleibt dahingestellt. Es dauerte eine Weile, bis er endlich anhielt und die türkischen Gardeoffiziere sich vorschriftsgemäß melden konnten.

Besuche aus dem Osmanischen Reich

In der zweiten Hälfte des 19. Jahrhunderts kam es zum ersten Staatsbesuch eines osmanischen Herrschers, allerdings nicht in der Hauptstadt Preußens, sondern im preußischen Koblenz: 1867 traf Abdulaziz den preußischen König Wilhelm I. und seine Frau Augusta. Er war zuvor in Paris gewesen, wo das Osmanische Reich erstmals an der Weltausstellung teilnahm. Abdulaziz war der erste Sultan, der die Metropolen Europas bereiste und damit seinen Willen zur Annäherung an Westeuropa demonstrierte.

Um 1878 lebten 41 Türken in Berlin. Sie waren mehrheitlich Angehörige der Gesandtschaft oder junge Soldaten. Wie sie die Stadt und ihre Bewohner wahrnahmen, welche Erfahrungen sie mit den Deutschen machten, ist schwer zu sagen. Interessant sind die Eindrücke der türkischen Reisenden, die mit dem Blick des Fremden die Stadt und seine Bewohner betrachteten. Je nach ihrem beruflichen Hintergrund und der Motivation ihrer Reise variieren die Schilderungen. Der Reformpädagoge Ismail Hakkı Baltacioğlu beobachtet die gewissenhafte Arbeit eines Straßenkehrers und sieht in dieser tadellosen Pflichterfüllung einen allgemeinen Wesenszug der Deutschen, die in ihrer Pädagogik Disziplin und Kreativität zu verbinden wüssten. Indirekt merkt er an, dass so manche Deutsche ihm wenig wohlgesonnen begegnen und ihn sofort mit ihren Klischeevorstellungen vom Orient konfrontieren.

Auf Einladung Bismarcks besuchte der Journalist Ali Efendi Berlin. Ali Efendi hatte in seiner Zeitung *Basiret* sehr deutschlandfreundlich berichtet, Bismarck hatte sich die Ausgaben im Original mit beigefügter Übersetzung regelmäßig über die Deutsche Botschaft in Konstantinopel schicken lassen. 1871 hielt sich der Journalist knapp einen Monat in Berlin auf. Auf der von deutscher Seite finanzierten Reise war die Begegnung mit dem deutschen Reichskanzler der offizielle Höhepunkt. Ali Efendi schildert, wie ihn Bismarck mit dem Argument, alle Türken seien Raucher und er habe zudem türkischen Tabak, zum Rauchen überredete. Der Nichtraucher wagte nicht zu widersprechen und nahm eine Zigarette an, verabschiedete sich aber zum Erstaunen Bismarcks bereits nach 20 Minuten. Ob der ungewohnte »Genuss« türkischen Tabaks der Grund für den abrupten Aufbruch war, ist eine Mutmaßung. Ein Vergnügen war der ungewohnte Tabakkonsum für ihn sicherlich nicht. Dem deutschen Bild vom rauchenden Türken zu entsprechen, war eine Höflichkeit Ali Efendis. Bismarcks Vorstellung, dass ein Türke auch rauchen muss, war zwar ein Klischee, hatte aber einen Grund. Die ursprünglich aus Amerika stammende Tabakpflanze war im Osmanischen Reich bis Mitte des 17. Jahrhunderts wenig verbreitet und zeitweise sogar streng verboten, doch ein Jahrhundert später gehörte sie zu den wichtigsten Exportwaren des Osmanischen Reichs. Und deutsche Zigarettenproduzenten warben mit türkischen Namen und Insignien für ihr Produkt.

Ein anderes Klischee ist es, immer dort Kriminalität zu fürchten, wo man selbst nicht lebt. Je weiter man sich von seinem eigenen Kulturkreis entfernt, desto gefährlicher scheint es zu werden. Aus deutscher Perspektive ist es ungewohnt, von der Angst türkischer Reisender vor deutschen Dieben zu lesen, glaubt man landläufig doch, dass es dort viel mehr von ihnen geben müsste. Wenn auch nicht bestohlen, so aber doch betrogen fühlte sich der Publizist Ahmed İhsan Tokgöz von einem Berliner Uhrmacher, der für die Reparatur seiner Uhr den dreifachen Preis einer neuen verlangte. Ein anderer Publizist fühlte sich ebenfalls übers Ohr gehauen: Seinem Berliner Stadtführer habe er am Ende des Tages fast die doppelte der am Morgen verabredeten Summe zahlen müssen und in der Komischen Oper habe man versucht, ihm die Eintrittskarten überteuert zu verkaufen. Manche Reisende attestieren den Berlinern fehlende Weltläufigkeit und finden Berlin im Vergleich zu Paris wenig glanzvoll. Andere, wie der Militärattaché in Berlin, Enver Bey, sind über das Türkenbild, das sie wahrzunehmen glauben, entsetzt: »In Europa gelten wir als so ungebildet, dass ich manchmal eine Gänsehaut bekomme, wenn ich es höre.«

Betrachtet man das Türkenbild, das durch die deutschsprachige Literatur vermittelt wurde, so ist es ebenfalls wenig vorteilhaft. Karl Mays bis heute populärer Orientzyklus der achtziger Jahre des 19. Jahrhunderts (*Durch die Wüste, Durchs wilde Kurdistan* usw.) ist ein gutes Beispiel dafür. In seine Werken erscheinen die Türken als dumm, plump und leicht zu überlisten, während die arabischen Beduinen und die Kurden zumeist positive Rollen spielen. Wesentlich differenzierter erforschte die sich ausbildende Orientalistik türkische Geschichte und Kultur. Doch die Wissenschaft erreichte nicht den Wirkungsgrad der Populärliteratur.

Überraschend positiv klingt eine Äußerung Bismarcks nach dem Bericht Ali Efendis: »Die Liebe der Türken und der Deutschen zueinander ist so alt, dass sie niemals zerbrechen wird«, soll er im Gespräch mit seinem türkischen Gegenüber betont haben. Diese Bemerkung, ist sie so gefallen wie berichtet, mag eine reine Höflichkeit gewesen sein. Nach anderen Quellen beurteilte er die Türken weniger positiv. In einem Streitgespräch mit Wilhelm II. soll er sich recht abfällig über die Regierung und die allgemeinen Verhältnisse im Osmanischen Reich geäußert haben. Dies mag hauptsächlich zur Verteidigung seiner außenpolitischen Linie gedient haben, die konträr zu den Vorstellungen Wilhem II. war. Bismarcks außenpolitisches Kalkül war es, sich wirtschaftlich und militärisch im Osmanischen Reich zu engagieren, aber im Interesse eines europäischen Kräftegleichgewichts keine territorialen Gelüste zu entwickeln. Wilhelm II. dagegen wollte für das Deutsche Reich einen »Platz an der Sonne«. Die unvereinbaren

Positionen führten 1890 zum Bruch zwischen Kaiser und Reichskanzler, Bismarck dankte ab. Zu seinem 80. Geburtstag fünf Jahre später fand kein offizielles Regierungsmitglied und kein Diplomat den Weg zu ihm. Nur der türkische Botschafter Ahmed Tevfik Pascha wurde vom Sultan zu Bismarcks Alterssitz in Friedrichsruh gesandt. Der ehemalige Reichskanzler ließ Tevfik Pascha zu seiner Rechten sitzen und trank auf das Wohl des Sultans, »der einzige, der mich in meiner Ungnade nicht vergessen hat.«

Kurz bevor Tevfik Pascha seine zehnjährige Dienstzeit in Berlin beendete, konnte er an der feierlichen Einweihung des Kaiser-Wilhelm-Kanals 1895 teilnehmen. Dabei kam es zu einer Begebenheit, die im Fortlauf zu einer Redewendung geführt haben soll. Anlässlich der Kanaleinweihung schickten zahlreiche Nationen Kriegsschiffe, darunter auch das Osmanische Reich. Jede Delegation wurde mit ihrer Nationalhymne empfangen, da aber das Osmanische Reich zu der Zeit keine hatte, improvisierte man mit »Guter Mond, du stehst so stille«. Etwas zu simulieren, etwas vorzugeben, was nicht stimmt, wird seitdem »getürkt«, »einen Türken bauen« oder »etwas türken« genannt. Allerdings ist dieses Ereignis nur eine von zahlreichen Erklärungen für diese Redewendung.

Kaiser und Sultan – Freundschaft und Geschenke

Wilhelm II. hatte schon einige Monate nach seinem Amtsantritt 1888 als erstes Staatsoberhaupt christlichen Glaubens seit den Kreuzzügen das Osmanische Reich besucht. Der Kaiser war ein großer Orientfreund und betonte, »dass zwei Völker, die von verschiedener Abstammung und verschiedenen Glaubens sind, recht gute Freunde werden können und in friedlichem Wettbewerb sich gegenseitig zu nutzen vermögen.«

Die Ausgrabungen von Pergamon, die seit 1878 im Gange waren, begeisterten den Hobbyarchäologen ebenso wie die Pracht und Macht an der Hohen Pforte. Aufgrund der guten Verbindungen zum Sultan kam es, dass dem Reich neben dem rechtlich zustehenden Drittel an Grabungsfunden ein weiteres Drittel verkauft sowie der Rest geschenkt wurde. Durch den Erhalt des in der Antike als eines der sieben Weltwunder geltenden Bauwerks konnte sich das Deutsche Nationalmuseum mit den prestigeträchtigen Sammlungen des British Museum und des Louvre messen. Für das jüngst gegründete Deutsche Reich war es von zentraler Bedeutung, sich neben England und Frankreich zu behaupten, politisch wie kulturell. Mit den sensationellen Funden hellenistischer Bau- und Bildhauerkunst, die der Pergamon-Altar darstellte, war man diesem Ziel ein gutes Stück näher gekommen.

Das galt auch für die Funde Heinrich Schliemanns. Schliemann war überzeugt davon, dass Troja keine Erfindung Homers war, sondern tatsächlich existierte, und zwar in der Nähe von Hisarlik in der Türkei. Seine Entdeckung der antiken Stadt, die er für Troja hielt, machte ihn weltberühmt. Er fand dort auch einen sensationellen Goldschatz, den er »Schatz des Priamos« nannte und der zu einer der größten Attraktionen der Berliner Museen wurde, bis die Sowjetunion nach dem Zweiten Weltkrieg den Schatz als Kriegsentschädigung beschlagnahmte. Schliemann brachte den Schatz illegal aus der Türkei heraus, aber das schadete der Freundschaft zwischen Wilhelm II. und Abdulhamid II. nicht.

Diese freundschaftlichen Beziehungen machte sich der Direktor des gerade entstehenden Kaiser-Friedrich-Museums, des heutigen Bode-Museums, Wilhelm von Bode, in Berlin zunutze. Er fragte höflichst beim Kaiser an, ob dieser nicht bezüglich der Mschatta-Fassade vermitteln könne. Dieses Werk gehörte zum Mschatta-Palast, einem unvollendeten und durch Erdbeben zerstörten Wüstenschloss der Umayyaden aus dem 8. Jahrhundert,

Der Pergamon-Fries wurde in Berlin zuerst im Alten Museum ausgestellt, bevor dann ein eigenes Museum für ihn gebaut wurde.

das 30 Kilometer südlich der jordanischen Hauptstadt Amman 1840 entdeckt worden war. Der Kaiser stieß auf das Wohlwollen des Sultans, der die Fassade dem Deutschen Reich zum Geschenk machte. Die Mschatta-Fassade sollte später eines der Hauptexponate des Islamischen Museums in Berlin werden.

Während seiner zweiten Orientreise 1898 betonte Wilhelm II. in Damaskus seine Freundschaft zur muslimischen Welt: »Mögen der Sultan und die dreihundert Millionen Mohammedaner versichert sein, welche auf der Erde verstreut leben und in ihm ihren Kalifen verehren, dass zu allen Zeiten der deutsche Kaiser ihr Freund sein wird.«

Diese Erklärung erhielt noch stärkeres Gewicht dadurch, dass der despotische Sultan im restlichen Europa scharf kritisiert wurde für die Massaker an christlichen Armeniern 1896. Eine Erinnerung an die vom deutschen Kaiser so feierlich verkündete Freundschaft ist der Deutsche Brunnen auf dem Sultan-Ahmet-Platz in Istanbul, den Wilhelm II. Abdulhamid II. zum Geschenk machte. Die anglophile Kaiserin Victoria zeigte nur wenig Verständnis für die Orientvorliebe und -politik ihres Sohnes: »Ich nehme an, der ganze Berliner Hof trägt einen Fes auf dem Kopf und den Halbmond auf der Brust, seit die Freundschaft mit dem Sultan so groß ist«, soll sie gelästert haben.

Der wachsende wirtschaftliche und militärische Einfluss der Deutschen im Osmanischen Reich wurde von den Franzosen und Engländern mit Argwohn beobachtet, bildete sich doch hier eine gefährliche konkurrierende Macht im Nahen Osten heraus. Doch blieben weiterhin die politischen und kulturellen Beziehungen zu Frankreich am engsten. Das lässt sich bereits an der Anzahl der Auslandsschulen im Osmanischen Reich ablesen: 1914 gab es 508 französische, 542 amerikanische und nur 49 deutsche Lehrstätten im asiatischen Teil des Landes.

1908 übernahmen im Osmanischen Reich nach einem Putsch die Jungtürken die Macht, die für die Abdankung Abdulhamids II. sorgten und dessen Bruder als Sultan einsetzten. Die Bewegung machte sich für eine politische, wirtschaftliche und kulturelle Reformierung des innen- wie außenpolitisch stark geschwächten Osmanischen Reiches stark. Wilhelm II. war anfänglich wenig begeistert über den Putsch, doch die politischen Beziehungen waren schon nach kurzer Zeit wieder sehr gut. Gewichtige Fraktionen der Jungtürken waren prodeutsch gesinnt, hatten eine Militärausbildung in Preußen gemacht oder waren durch die Schule des preußischen Militärberaters in Konstantinopel, des Offiziers Freiherr Colmar von der Goltz, gegangen.

Schlüsselpositionen innerhalb der jungtürkischen Bewegung nahmen u. a. Enver Bey und Mahmud Şevket Bey ein. Enver Bey wurde 1909 türkischer Militärattaché in Berlin und entwickelte sich zu einem glühenden Anhänger des Deutschen Reichs und insbesondere seines Militärs. In den »besseren Kreisen« Berlins verkehrend, gelangte er zu so viel Ruhm, dass eine deutsche Zigarettenmarke seinen Namen bekam. In Kleinglienicke, wo Enver während seines Berlin-Aufenthaltes wohnte, wurde 1915 eine Brücke über den Teltow-Kanal als »Denkmal des in Feuer und Eisen geschmiedeten Bündnisses« nach ihm benannt, denn es war maßgeblich sein Bemühen als Kriegsminister, dass das Osmanische Reich auf deutscher Seite in den Ersten Weltkrieg zog. Der Militär war inzwischen zum Pascha aufgestiegen, der dem Rang eines deutschen Generals entspricht.

Enver Paschas Vorgänger, Mahmud Şevket Pascha, war 1913 durch ein Attentat ums Leben gekommen. Er hatte ebenfalls zur prodeutschen Fraktion innerhalb der jungtürkischen Regierung gehört. Von 1886 bis 1895 war er als Mitglied der Kommission in Deutschland tätig gewesen, die die deutschen Waffenlieferungen für die Türkei begutachtete.

Die Jungtürken erhielten in Deutschland auch Unterstützung von liberalen Publizisten wie Ernst Jäckh und Politikern wie Friedrich Naumann. Unter Jäckhs Leitung fand 1911 eine großangelegte, vom Auswärtigen Amt unterstützte und von einem deutschen Bankenkonsortium finanzierte Studienreise von 50 türkischen Abgeordneten, Unternehmern, Beamten, Landwirten und Publizisten statt. In erster Linie ging es darum, die kulturellen und insbesondere die wirtschaftlichen deutsch-türkischen Beziehungen zu intensivieren. Während der knapp einmonatigen Rundreise durch Deutschland wurden neben Industrie- und Rüstungsanlagen vor allem kommunale Einrichtungen besucht. Der Publizist Husein Cahid erinnerte sich an die allabendlich stattfindenden Bankette, die durch die vielen Tischreden und deren Übersetzung »zu einer regelrechten Belastung statt zu einem Vergnügen« wurden. Auch habe täglich morgens um acht Uhr der inzwischen alte, aber noch rüstige General von der Goltz, der ehemalige Militärberater, »würdevoll und ernst« bereitgestanden und das tägliche Besuchsprogramm eröffnet, das keine freie Minute ließ. Für Husein Cahid wurde der Sinn und Zweck dieser Reihe schnell deutlich: »Die Deutschen taten alles, um (…) unsere Augen mit dem glänzenden Fortschritt Deutschlands zu blenden.« Dem kritischen Berichterstatter fällt eine Begebenheit besonders negativ auf: »Wir waren zu einem prächtigen Festmahl des Bürgermeisters eingeladen. Mit ihren üppigen, langen Bärten wirkten die Ratsmitglieder sehr ehrwürdig. Als es halb zwölf war und wir endlich vom Essen befreit wurden, sprachen ein paar Schlauköpfe von einem Nachtkabarett. Solche Etablissements waren neu und unerhört für uns. Wir betraten den Saal des ›Palais de Danse‹, und unseren Augen bot sich der Anblick dieser vorhin beim Festessen mit ihren langen, weißen Bärten so ernst und würdig erscheinenden Senatoren: sie hatten freizügig gekleidete Frauen auf dem Schoß und scherzten mit ihnen!«

Husein Cahid ist nicht der einzige, der die lockeren Sitten, das extensive Nachtleben und die Prostitution für moralisch fragwürdig hält. Auch Enver Bey bemerkt in einem Brief an seine Verlobte: »Die Moral der Europäerin entspricht der unserer Frauen nicht.« Er meint damit allerdings nicht die Prostituierte, sondern die »ganz normale« Frau, die im öffentlichen Leben mit eigenem Beruf und eigener Meinung auftritt.

Insgesamt war die Studienreise dennoch ein Erfolg für die Deutschen. Abgesehen von der Kritik an Details und dem für manchen Geschmack zu strengen Kosten-Nutzen-Denken der Deutschen wurde dem Reich von Seiten der Türken ein hohes Niveau in der Wirtschaft und Staatsorganisation bescheinigt.

Auf der Grundlage der angebahnten Beziehungen konnte 1914, einige Monate vor Beginn des Ersten Weltkriegs, die *Deutsch-*

Türkische Vereinigung gegründet werden, in der vor allem hohe Repräsentanten der Wirtschaft den Vorstand stellten, wie der Direktor der Nationalbank für Deutschland und der Generaldirektor der Anatolischen Eisenbahnen. In der Satzung heißt es, dass man die kulturellen Beziehungen pflegen, deutsche Lehrer in die Türkei senden, dort deutsche Büchereien und andere Bildungseinrichtungen sowie Kranken- und Heilanstalten gründen wolle. Die Vereinigung wollte türkische Staatsangehörige bei ihrer Ausbildung in Deutschland unterstützen und hinsichtlich der wirtschaftlichen Beziehungen Maßnahmen ergreifen, sie »in geregelte Bahnen zu lenken«, so etwa mit Hilfe der *Auskunftsstelle für deutsch-türkische Wirtschaftsfragen*.

Bildungskooperation und Waffenbrüderschaft

Studenten aus dem Osmanischen Reich gab es in kleiner Zahl bereits seit Jahren an deutschen Universitäten. Aufgrund der Bemühungen der *Deutsch-Türkischen Vereinigung* kamen 1915 erste Schüler nach Berlin. Zwei Jahre später lebten bereits fast 400 junge türkische Schüler im Deutschen Reich, darunter etwa 50 in Berliner Gastfamilien. Auch Mädchen waren dabei, die sich »fast ausnahmslos durch hervorragenden Fleiß und gute Fortschritte« auszeichneten, wie es in den Berichten der *Deutsch-Türkischen Vereinigung* heißt.

Im vornehmen Grunewald, in der Herthastraße 8, nahe der noblen Königsallee, wurde 1917 ein türkisches Schülerheim eingerichtet, das Sprachunterricht und eine Einführung in die deutsche Kultur gab. Hier logierten auch zwölf türkische Lehrlinge, welche die ganze Stadt durchqueren mussten, um zu ihrem Arbeitsplatz bei den Allgemeinen Elektrizitätswerken in Oberschöneweide zu gelangen. Andere der etwa 300 entsandten Lehrlinge hatten es näher. Vier Jahre dauerte die Lehrzeit, nach der die meisten wieder in ihre Heimat gingen.

Die deutsch-türkische Bildungskooperation entwickelte sich zeitgleich mit der deutsch-türkischen Waffenbrüderschaft: Einen Tag, nachdem das Deutsche Reich als Bündnispartner von Österreich-Ungarn Russland den Krieg erklärt hatte, unterzeichneten Deutsche und Türken ein geheimes Beistandsabkommen. Bisher war durch die Feindschaft zwischen Frankreich, England und Russland die geopolitische Lage des Osmanischen Reichs einigermaßen stabil geblieben. Durch deren Allianz sah es sich nun von allen Richtungen aus bedrängt. Die Deutschen fürchteten insbesondere den Zugriff auf die Dardanellen, der die direkte Verbindung zwischen Russland und dem Mittelmeer ermöglichte.

Am 14. November 1914 rief Sultan Mehmet V. zum »Heiligen Krieg« der Muslime gegen ihre christlichen Kolonialherren auf, der von der deutschen *Nachrichtenstelle für den Orient* propagandistisch unterstützt wurde, allerdings wohl ohne auf große Resonanz zu stoßen. Mitten im Winter 1914 griff das osmanische Heer die Russen im Kaukasus an und erlebte eine große Niederlage mit 100 000 Toten. Sie war der Ausgangspunkt für den Genozid an der armenischen Minderheit im Land, der Landesverrat bzw. Paktiererei mit Russland vorgeworfen wurde. Zugleich fürchtete man deren gute Verbindungen nach Amerika. Zehntausende von Armeniern wurden ermordet. Hunderttausende starben an Auszehrung und Krankheit während und nach der Deportation. Die Gesamtzahl der Opfer wird heute auf etwa 1,5 Millionen geschätzt. Das Deutsche Reich protestierte zwar gegen einzelne publik gewordene Gewalttaten, nahm aber die Deportationen hin. Während der deutsche Botschafter in Istanbul stärkeren Protest erbat, notierte Reichskanzler Bethmann Hollweg im Dezember 1915: »Unser einziges Ziel ist, die Türkei bis zum Ende des Kriegs an unserer Seite zu halten, gleichgültig, ob darüber Armenier zu

Deutsche und türkische Mitarbeiter des Kabelwerks Oberspree.

Grunde gehen oder nicht.« Zwar gab es Proteste, doch insgesamt überwog das politische Kalkül über humanitäre Aspekte. Staatssekretär Zimmermann vom Auswärtigen Amt brachte es in einer Haushaltsausschuss-Sitzung des Reichstages vom 29. September 1916 auf den Punkt: »Höher als die Armenier, so sehr wir vom rein menschlichen Standpunkt aus ihr Los beklagen, stehen uns unsere Söhne und Brüder, die ihr teures Blut in den schwersten Kämpfen vergießen müssen und die mit auf die Unterstützung der Türken angewiesen sind. Denn die Türken leisten uns zur Deckung der Südostflanke wesentliche Dienste.« Die Türkei argumentiert bis heute, dass die Massaker und Deportationen keine systematische Vernichtung einer ganzen Ethnie intendierten und deshalb nicht von Völkermord zu sprechen sei.

Die anfängliche Kriegsbegeisterung im Deutschen Reich brachte einen schwunghaften Handel mit Preziosen und Schmuckstücken mit sich, die an die Waffenbrüderschaft des Deutschen

Wer seine Begeisterung für die Kriegsverbündeten zeigen wollte, konnte dies auch mit Waffenbrüderschaftsringen tun, wie diese Werbeanzeige in der Berliner Illustrierten Zeitung aus dem Jahr 1916 zeigt.

Reichs, Österreich-Ungarns, Bulgariens und der Türkei erinnerten. Mit dem Eisernen Kreuz und den Flaggen der alliierten Nationen geschmückte Ringe und Anhänger, Wandteller und Gläser gaben dem Kriegsfreund Gelegenheit, seine Solidarität auszudrücken. Die Werbung bildete gern die verbündeten Soldaten ab, die mit entschlossenen Gesichtern »für Ehre, Freiheit, Recht und Wahrheit« ins Feld zogen, wie es in einer Anzeige für ein Einreibemittel heißt. Die türkischen Verbündeten sind mit ihrem Fes gut zu erkennen. *Asbach Uralt* warb mit deutsch-türkischer Kampfbereitschaft an den Dardanellen: »Im Felde ein Schuss Asbach-Cognac in das Trinkwasser, macht es bekömmlich, wohlschmeckend und erfrischend.«

Bereits Ende 1914 wurde mit der Einrichtung zweier Lager für muslimische Gefangene begonnen. Das sogenannte Weinberglager in Zossen war für Muslime aus den russisch besetzten Gebieten Vorderasiens, mehrheitlich Tataren, bestimmt; das »Halbmondlager« in Wünsdorf bei Zossen sollte die Muslime der englischen und französischen Kolonien, also hauptsächlich Inder und Nordafrikaner, aufnehmen. Zweck dieser Lager war

Werbung in Zeiten der Waffenbrüderschaft.

es, die Muslime gegen die Kolonialmächte aufzubringen und für panturkistische Ideen zu gewinnen. Wilhelm II. unterstützte den jungtürkischen und tatarischen Traum von einem geeinten islamischen Großreich für alle Turkvölker.

Auf Einladung von Sultan Mehmet Resad besuchte Kaiser Wilhelm II. am 15. Oktober 1917 Konstantinopel zum dritten Mal. Bei diesem Besuch trug er eine türkische Uniform und eine hohe türkische Pelzmütze. Die Demonstration deutsch-türkischer Freundschaft und gemeinsamer militärischer Stärke war vergeblich; die Engländer hatten bereits Bagdad und Damaskus erobert, dem türkisch-deutschen Asienkorps gelang die Rückeroberung nicht mehr.

Zurück in Berlin, lud Wilhelm II. den Sultan zu einem Gegenbesuch ein. Dieser schickte seinen Thronfolger Mehmet Vahdeddin. Zu der Delegation, die vom 19. bis zum 31. Dezember 1917 Deutschland besuchte, gehörte als Vertreter der türkischen Armee auch Mustafa Kemal Pascha, der später als Atatürk zum Vater der modernen Türkei werden sollte. Der preußische General Liman von Sanders, der die 5. Osmanische Armee befehligte, erinnerte sich an den jungen Soldaten als einen »besonders fähigen, tüchtigen und tapferen Offizier.« Wegen seiner herausragenden Siege während des Ersten Weltkrieges wurde Mustafa Kemal Pascha mit dem Eisernen Kreuz II. Ranges ausgezeichnet.

Zunächst reiste die Delegation zum Großen Hauptquartier in Bad Kreuznach und wurde von Kaiser Wilhelm II., dem deutschen Heerführer, Generalfeldmarschall und Chef des Generalstabes des Feldheeres, von Hindenburg, dem Generalstabschef der 7. Armee, Erich Ludendorff, und anderen Generälen begrüßt. Es folgte ein Besuch der Südwestfront im Elsass und der Krupp-Waffenfabrik in Essen mit anschließendem Bankett in der Villa Hügel.

Am 23. Dezember 1917 gelangte man schließlich nach Berlin. Auf einer Pressekonferenz am 31. Dezember im Hotel Adlon betonte der osmanische Thronfolger noch einmal ausdrücklich die deutsch-türkische Freundschaft und erklärte, die Zusammenarbeit für beide Länder werde immer von Nutzen sein.

Mustafa Kemal Pascha hatte vor und während der Reise eine wesentlich kritischere Haltung gegenüber den Deutschen eingenommen. Schon vor Kriegsbeginn war er dagegen gewesen, deutschen Generälen das Kommando über osmanische Truppen zu erteilen. Ein Besuch der Südwestfront, den er für Gespräche mit Soldaten abseits der offiziellen Route nutzte, bestätigte ihm seine Befürchtung, dass die militärische Lage keineswegs so rosig aussah, wie die Deutschen sich bemühten darzustellen. Dies wurde ihm auch bei der Begegnung mit Hindenburg klar: »Ich befand mich einem Mann von großer Statur gegenüber, eindrucksvoll und achtungsgebietend, der an eine, beide Salons teilende Säule gelehnt dastand und dem man an den Augen ablesen konnte, dass er die Wahrheit kannte, sich aber hüten würde, sie auszusprechen: Hindenburg! (…) ›Würden Sie mir sagen, welche Ziele und Ergebnisse Sie mit Sicherheit zu erreichen gedenken?‹ Ein großer und vorsichtiger Soldat, konnte er mir auf diese Frage antworten? Ich konnte das nicht von ihm erwarten. Vielleicht war diese recht zwanglose Gelegenheit durch den hervorragenden Champagner entstanden, der uns am Tisch des Kaisers serviert worden war. Es schien, als hörte der Marschall meinen Ausführungen aufmerksam zu. Dann gab er eine sehr einfache und sympathische Antwort. In der Mitte des Salons befand sich ein kleiner Tisch, auf dem verschiedene Sorten von Zigarren und Zigaretten lagen. ›Exzellenz‹ sagt er, ›darf ich Ihnen eine Zigarette anbieten?‹ Hindenburg hatte auf alles geantwortet.«

Am Neujahrstag reiste die Delegation nach großem zeremoniellen Abschied im Sonderwagen des Balkanexpress gen Istanbul. Mustafa Kemal Pascha war auf dieser Reise nicht nur bestätigt worden, dass der Krieg so gut wie verloren war, sondern auch, dass der osmanische Thronfolger, den er wiederholt vergeblich zu entschiedenen Worten gedrängt hatte, kein geschickter Regent sein würde.

Wilhelm II. verlieh Mustafa Kemal Pascha kurz nach seinem Deutschlandbesuch das preußische Ordensband 1. Klasse mit Schwertern. Noch ahnte der Kaiser nicht, dass er am 9. November abdanken und zwei Tage später der Erste Weltkrieg endgültig verloren sein würde. Den ehemaligen Waffenbrüdern, die hohe Gebietsverluste in ihren Staaten hinnehmen mussten, wurde von den Kriegsgewinnern jeglicher Kontakt untersagt. Die Ära der deutsch-türkischen Waffenbrüderschaft war unwiederbringlich zu Ende.

Intellektuelle und Exilanten

Die »goldenen« zwanziger und
die braunen dreißiger Jahre

Exil und Rache

Berlin wurde Ende des Ersten Weltkriegs zum Exil für die jungtürkischen Regierungsmitglieder Enver Pascha und Mehmet Talat Pascha. Sie waren mit Hilfe der Deutschen in einem U-Boot bis nach Odessa geflüchtet und hatten sich von dort einzeln auf die Reise Richtung Norden gemacht. Talat Pascha erreichte einen Tag nach Ausrufung der deutschen Republik durch Philipp Scheidemann und der Proklamation der sozialistischen Republik durch Karl Liebknecht am 9. November 1918 die Stadt, in der das Ringen um Parlamentarismus oder Räterepublik in den nächsten Wochen und Monaten zu großen Unruhen führte. Unter dem Namen Ali Sai logierte Talat Pascha zunächst in einem Hotel am Alexanderplatz, zog dann ins ruhigere Neubabelsberg, um schließlich eine 3-Zimmer-Wohnung an der Hardenbergstraße zu beziehen. Der als Großwesir ehemals zweitmächtigste Mann im Osmanischen Reich galt als einer der Hauptverantwortlichen für die Deportation und Ermordung der Armenier 1915. Unterstützt vom neuen türkischen Botschafter, Rifat Pascha, organisierte der *Türkische Club* in Berlin den Protest gegen Talat Pascha und verlangte seine Bestrafung. Das gleichzeitig von der türkischen Regierung gestellte Auslieferungsgesuch wurde von deutscher Seite abgelehnt. Daraufhin verurteilte man ihn in Abwesenheit zum Tode.

Talat Pascha war im Exil weiterhin politisch aktiv. Er versuchte, die jungtürkische Bewegung mit neuem Leben zu erfüllen, nahm

Kontakt zu den Bolschewiki in Russland und zu England auf sowie zur türkischen Befreiungsbewegung von Mustafa Kemal. Er reiste in verschiedene Länder Europas und war immer wieder bemüht, die unter seiner Regierung begangenen Verbrechen an den Armeniern zu relativieren und die »antiarmenischen Maßnahmen« mit deren politischer Unzuverlässigkeit zu begründen. In Berlin gehörte er zu den Gründern des *Orient-Klubs*, eines Zusammenschlusses von Muslimen unterschiedlicher Nationalität, die Publikationen über und Werbung für den Orient machen sowie mittellose muslimische Studenten unterstützen wollten.

Am 15. März 1921 gegen 11 Uhr morgens wurde Talat Pascha in der Nähe seiner Wohnung, Hardenberg-, Ecke Fasanenstraße erschossen. Der armenische Attentäter, Soghomon Tehlirian, gab im Prozess zu Protokoll, den Mörder seiner Familie gerichtet zu haben. Er soll jedoch kein Einzeltäter gewesen sein, sondern zu einer Gruppe von Armeniern gehört haben, welche die »Operation Nemesis«, die Tötung türkischer Verantwortlicher für den Genozid, geplant hatte. Tehlirian wurde aus humanitären Gründen freigesprochen. Seit dem Massaker hatte er erhebliche psychische Probleme. Der Prozess dauerte nur zwei Tage, was vermuten lässt, dass man die genauere Betrachtung der Hintergründe vermeiden wollte.

In der deutschen Öffentlichkeit wurde der Konflikt ideologisch aufgeladen als ein Kampf zwischen den Verteidigern christlichen Glaubens gegen die muslimischen Angreifer. Viele Kriegsveteranen, die an der Seite der türkischen Armee gekämpft hatten, sahen in den Siegermächten des Ersten Weltkriegs die eigentlichen Drahtzieher der Attentate: so etwa Oberleutnant Hans H. Mulzer »Und ist es nicht bezeichnend, dass als Opfer der sogenannten armenischen ›Blutrache‹ immer nur deutschfreundliche Türken fallen? Sind unter den Veranlassern der so genannten Armeniergräuel nicht auch ententefreundliche Türken gewesen? Hat man

Mehmet Talat Pascha wurde in der Fasanenstraße erschossen und zunächst in Schöneberg beigesetzt.

bisher jemals gehört, dass letztere das Opfer des armenischen Meuchelmordes wurden?«

In seinem Beitrag für die *Mitteilungen des Bundes der Asienkämpfer* erwähnt er zudem die Ermordung weiterer führender Jungtürken am 17. April 1922: »Diesmal waren die Opfer der am 3. August 1878 an den Dardanellen geborene frühere General-Gouverneur von Trapezunt, Djemal Azmy-Bey, der in der Uhlandstr. Nr. 47 wohnte, und der am 17. April 1875 zu Konstantinopel geborene Professor Bahaeddin Schakir aus der Grollmannstraße Nr. 22. Letzterer war seinerzeit in seinem Vaterlande leitendes Mitglied der deutschfreundlichen ›Union-Progress‹ (...).«

Talat Pascha wurde auf den Schöneberger Matthäi-Friedhof gebracht und nicht auf dem Türkischen Friedhof am Columbiadamm, weil dieser gerade vergrößert und renoviert wurde. Nachdem die Arbeiten fertig gestellt waren, wurde er dorthin umgebettet. Auch Djemal Azmy-Bey und Bahaeddin Schakir wurden auf dem Friedhof am Columbiadamm bestattet. 13 Jahre später erhielt Talat Pascha auf dem »Hügel der ewigen Freiheit« in Istanbul ein Staatsbegräbnis. Djemal Azmy-Bey und Bahaeddin Schakir blieben in Berlin, ihre Gräber sind noch heute zu besichtigen.

Das zweite jungtürkische Regierungsmitglied im Berliner Exil, Enver Pascha, der seit seiner Zeit als Militärattaché dort gute Kontakte hatte, reiste kurz nach dem ehemaligen Großwesir im Dezember 1918 unter dem Decknamen Ali Bey ein. Er wohnte in Neubabelsberg bei Friedrich Sarre, dem Direktor des Vorderasiatischen Museums. Wie Talat Pascha wurde er 1919 von der neuen, unter der Vorherrschaft der Briten stehenden Regierung in Abwesenheit zum Tode verurteilt. Er reiste mehrmals nach Moskau, ohne die gewünschte Unterstützung gegen die Engländer und für seine pantürkischen Ideen zu erhalten. Daraufhin versuchte er, muslimische Bevölkerungsteile Vorderasiens von einem großen Islamstaat zu überzeugen. Dabei hatte er hochfliegende Pläne, er wollte nicht nur Aserbeidschaner, Turkmenen und Usbeken, sondern auch Uiguren in Nordwestchina und die turkstämmigen Ethnien in Afghanistan und Persien zu einem Kalifat vereinen. Als Verbündeter der gegen die Russen kämpfenden Partisanen, der Basmatschen, fiel Enver am 4. August 1922 bei einem Gefecht nahe der heutigen tadschikischen Hauptstadt Duschanbe. 1996 wurden seine sterblichen Überreste nach Istanbul überführt und dort an seinem 74. Todestag beim Denkmal der jungtürkischen Revolution von 1908 beigesetzt.

Der österreichische Schriftsteller Franz Werfel hat Enver ein literarisches Denkmal gesetzt, das ihn jedoch in keinem guten Licht erscheinen lässt. In dem 1933 erschienenen Roman *Die vierzig Tage des Musa Dagh*, der die Verfolgung der armenischen Minderheit am Beispiel eines Familienschicksals zum Thema hat,

Der jungtürkische Kriegsminister Enver Pascha floh nach Kriegsende in die deutsche Reichshauptstadt.

beschreibt Werfel die (historisch wahre) Begegnung des Kriegsministers mit dem evangelischen Theologen und Orientkenner Johannes Lepsius. Lepsius hatte bereits 1896 als Reaktion auf die Hamidischen Massaker das *Armenische Hilfswerk* gegründet und war 1914 Mitbegründer der *Deutsch-Armenischen Gesellschaft*. Zeit seines Lebens setzte er sich für die Belange der Armenier ein und protestierte öffentlich gegen deren Verfolgung. Enver erscheint bei der Konfrontation mit Lepsius als kalter Stratege, der bei allen Beschuldigungen höflich und gelassen bleibt.

Die Idee zum »Musa Dagh« – so lautet der Name eines Berges, wohin sich Armenier vor den Türken geflüchtet hatten, bis sie von den Franzosen befreit wurden – hatte Werfel auf einer Reise nach Damaskus 1929, wo er mit dem Elend armenischer Waisenkinder konfrontiert wurde. Der Hollywood-Schauspieler Sylvester Stallone verkündete im Dezember 2006, Werfels Roman verfilmen zu wollen. Metro-Goldwyn-Mayer hatte die Filmrechte schon vor Jahrzehnten erworben.

Die Ehefrau des für den Massenmord mitverantwortlichen Enver Pascha, Emine Naciye Sultan, blieb während der Reisen ihres Mannes in Berlin und bewohnte mit zwei, später drei Kindern und Envers Bruder Kamil eine 16-Zimmer-Villa in der Tiergartenstraße 34a. Zeitweise nahm sie auch die Hinterbliebenen des bereits 1913 umgekommenen jungtürkischen Politikers Mahmud Şekvet Pascha auf. Dem Paar hat der türkische Regisseur Can Dündar 2004 einen Dokumentarfilm gewidmet, der von der bereits 1909 arrangierten Verlobung und späteren Ehe der Sultansnichte mit dem erfolgreichen Offizier und Politiker vor dem Hintergrund der politischen Wirren erzählt.

Türkisches Leben in Berlin – Vergnügungen und Pflichten

Schon in der Vorkriegszeit und während des Krieges hatten Türken eine Anzahl von Vereinigungen und Zeitschriften in Berlin gegründet. Die wichtigste davon war die 1917 gegründete Wochenzeitschrift *Die Neue Türkei.* In der von Dr. M. Saadi Bey herausgegebenen ersten Ausgabe heißt es, dass das zweisprachige Blatt das kulturelle Verständnis beider Völker füreinander und den Handel zwischen ihnen fördern wolle. Die Zeitschrift sei parteilich unabhängig, wolle die »Gesetze und Gebräuche des Islams, die oft in falscher und irrtümlicher Weise bekannt geworden sind, dem Verständnis der modernen Welt näherführen« und gleichzeitig »neuen, fortschrittlichen und freiheitlichen Ideen dienen und vor allem das Bestreben verfolgen, die Stellung der türkischen Frau freier und einflussreicher zu gestalten.« Zu diesem Zweck wurde eine Seite »der Frau« gewidmet.

Eine Frau, die diesem Ideal entsprach oder in Männeraugen vielleicht schon etwas zu selbstständig war, hieß Rebia Tevfik Başokçu; sie war 1922 nach Berlin gekommen, um sich hier als Schneiderin zu etablieren. Die junge Türkin wird über neue Bekannte in wohlhabende Kreise eingeführt, gleichzeitig versucht sie ihr Schneidergeschäft aufzubauen. Nur durch die Unterstützung von modebewussten Russinnen kann sie finanziell überleben. Glaubt man ihren Erinnerungen, so hat sie mit den Deutschen wenig gute Erfahrungen gemacht. Ihre Vermieterinnen seien bis auf eine Ausnahme missgünstig und dagegen gewesen, dass Ausländerinnen deutsches Geld verdienten. Ende der zwanziger Jahre wird sie Zeugin antisemitischer Angriffe.

Auch die deutsche Steuergesetzgebung empfand sie als eine Schikane: »Jeden Morgen um Punkt neun Uhr klingelte es, und herein trat ein dicker Steuerbeamter mit einer Tasche unter dem Arm, um Steuern zu kassieren. Jeden Tag kamen andere Beamte, die unterschiedliche Steuern verlangten. Wenn sie keine Steuern kassierten, kontrollierten sie die Bücher.« Die Schilderung ist sicherlich übertrieben, zeigt aber deutlich, als wie drastisch sie die deutsche Bürokratie wahrnahm.

Auch mit türkischen Landsleuten gab es Schwierigkeiten, die Männer zweifelten an ihrer moralischen Integrität oder glaubten ihr nicht, Türkin zu sein. Das tradierte Rollenverständnis ließ es nicht zu, dass eine türkische Frau im Ausland allein, ohne männliche Unterstützung lebte. Doch Rebia Tevfik Başokçu schaffte es, als »Madame Saadi« zu einer bekannten Modemacherin zu werden. Fünf Jahre nach ihrer Ankunft in Berlin richtete sie in einer Acht-Zimmer-Wohnung an der Budapester Straße 34 einen Salon ein. Sie selbst sah ihre Aufgabe darin, »die kemalistische Frau der neuen Türkei zu repräsentieren.« Im Jahr der Weltwirtschaftskrise 1929 gab sie ihr Geschäft jedoch auf, ging nach Paris und 1941 nach Istanbul, wo sie 1963 starb.

In den zwanziger Jahren war das kulturelle Leben in Berlin bekanntermaßen vielfältig; Theater, Kinos, Revues, Kabaretts und Kunstgalerien erlebten einen großen Aufschwung. In dieser Zeit war Erüment Behzat in Berlin; der Absolvent des Deutschen Gymnasiums in Istanbul ließ sich am Stern-Konservatorium gesanglich ausbilden. Als Schauspieler wurde er 1932 zusammen mit der Schauspielerin Emel Riza für die erste Kussszene im türkischen Kino, im monumentalen Film *Bir Millet Uyaniyor* (Ein Volk erwacht) von Muhsin Ertuğrul, berühmt.

Alljährlich fand unter der Schirmherrschaft der Türkischen Botschaft der sogenannte Türkenball im Marmorsaal des Zoologischen Gartens statt. Er soll zu den wichtigen gesellschaftlichen Ereignissen der Stadt gezählt haben. Beliebt war auch die türkische Mokkabar im 1928 eingeweihten Haus Vaterland am Potsdamer Platz. Es gab dort neben der Mokkabar auch ein bayrisches Wirtshaus, die berühmten Rheinterrassen mit Wasserfall und Gewitter-Simulation, eine japanische Teestube und ein ungarisches Restaurant. Lieder vermeintlich türkischer Sujets, mit viel Erotik und schlüpfrigen Witzen, waren als Vergnügung ebenfalls beliebt. Leo Falls bereits 1916 komponierte »Rose von Stambul« mit dem Text von Julius Brammer und Alfred Grünwald feierte in der Interpretation von Fritzi Massary große Erfolge. Selbst Kurt Tucholsky ließ sich trotz seiner Abneigung gegen dieses Unterhaltungsgenre zu einem Lob hinreißen. Die orientalisch angehauchte Verwechslungskomödie um den gewünschten und unerwünschten Bräutigam einer jungen Pascha-Tochter, die nach dem Krieg mit Grete Weiser und Paul Hörbiger in den Hauptrollen auch verfilmt wurde, entrüstete einen durchreisenden türkischen Diplomaten derart, dass er einen Brief an eine Berliner Zeitung verfasste, in dem er die »Karikatur meiner Heimat« anprangerte.

Sicherlich ging es bei dieser Vorliebe für das Türkische nicht um die realen Verhältnisse, sondern um die Projektion des Exotischen. Der allgemeine Wissensstand über die Kultur und Gesellschaft des einstigen Waffenbruders Türkei war eher niedrig oder von Klischees geprägt. Die als rein orientalisch verstandene Sitte der »Vielweiberei« bot Gelegenheit, der männlichen erotischen Fantasie freien Lauf zu lassen. Es verwundert nicht, dass in den relativ freizügigen zwanziger Jahren eine vermeintliche Sultanstochter mit nacktem Oberkörper in einer Berliner Zeitung abgebildet wurde. »Ferry Fechny« nannte sich diese Tänzerin, die – so heißt es in dem dazugehörigen Artikel – nach Sensationserfolgen in Paris nun in Berlin auftrete: »Die Stürme der Mustapha-Kemal-Revolution trieben sie aus der beschaulichen Stille des Harems hinaus in das tolle, ungebundene Leben einer Vagantin.« Die hier angedeuteten veränderten politischen Verhältnisse im ehemaligen Osmanischen Reich gingen nicht spurlos an den in Berlin lebenden Türken vorüber.

Neue Bündnisse mit der Republik

Die türkische Unabhängigkeitsbewegung unter Mustafa Kemal Pascha erreichte am 24. Juli 1923 mit dem Friedensvertrag von Lausanne ihr Ziel, die Türkei als unabhängigen Nationalstaat zu formieren. Am 29. Oktober erfolgte die Ausrufung der türkischen Republik. Danach setzten radikale Reformen ein, um die Türkei nach westlichem Vorbild umzugestalten. Vor allem die Macht der Religion sollte verringert werden, und zwar mit der Streichung des Islams als Staatsreligion, der Schließung religiöser Gerichtshöfe und Lehranstalten, der Abschaffung des Sultanats und Kalifats, der Ausweisung hoher religiöser Würdenträger und der Ablösung des Freitags durch den Sonntag als Feiertag. Bis heute ist die Trennung von Staat und Religion unter dem Begriff Laizismus ein Staatsziel der Türkei. 1925 wurde eine neue Kleiderordnung nach westlichem Muster und 1928 die Ablösung der arabischen durch die lateinische Schrift durchgeführt. Der Gregorianische Kalender löste den Mondkalender ab, Polygamie wurde verboten, Zivilehe und Scheidungsrecht sowie das Frauenwahlrecht eingeführt. Als eine Art Gottvater wurde fortan Mustafa Kemal verehrt, 1934 verlieh ihm die Große Nationalversammlung den Titel Atatürk, Vater der Türken: Sein Porträt fehlt bis in das 21. Jahrhundert hinein in keiner türkischen Amts- oder Teestube, in keinem Restaurant oder öffentlichen Verkehrsmittel. Doch die gewaltsame Säkularisierung des Staates drang nie bis in alle Winkel des Landes vor, heute haben islamische Kräfte politisch neuen Einfluss gewonnen.

Atatürks Kampf gegen die alliierte Besatzungsmacht war von der Sowjetunion ideell unterstützt worden. In Berlin gab es eine mit dem Sozialismus sympathisierende Fraktion innerhalb der Türkengruppen. Türkische Studenten nahmen auch an Straßenkämpfen des Spartakusbundes von Karl Liebknecht und Rosa Luxemburg teil. Einer der Mitbegründer der sozialistischen Partei war Vedat Nedim Tör, der in Berlin Wirtschaftswissenschaften studierte. In seinen 1976 erschienen Memoiren erinnert er sich an die Vorlesungen von Werner Sombart, der dem Osmanischen Reich eine ökonomische und gesellschaftliche Rückständigkeit attestiert hatte, die nun im Zugriff der Siegermächte zum Ruin führen müsse. Der junge Student empfand dies als demütigend und suchte in den Schriften Lenins, Marx' und Engels' nach Wegen aus der Misere seines Landes. Nach seiner Promotion ging er 1922 nach Istanbul, engagierte sich zunächst bei der illegalen kommunistischen Partei, wurde fünf Jahre später aber Anhänger der Kemalisten und Wirtschaftsfachmann in der Regierung. Daneben war er erfolgreich als Publizist und Bühnenautor tätig. Sein ausgeprägtes kulturelles Interesse fand in seiner Studentenzeit viele Anregungen durch die Berliner Theater- und Opernszene, derer er sich gut erinnert und die er für einzigartig in Europa hielt.

Nach der Gründung der souveränen Türkei wurde am 3. März 1924 ein deutsch-türkischer Freundschaftsvertrag abgeschlossen. In der neuen türkischen Hauptstadt Ankara baute das Deutsche Reich als erste Nation ein Botschaftsgebäude. In der Tradition früherer Bildungskooperationen eröffnete man im November 1924 erneut die Deutsche Schule in Istanbul. Experten unterschiedlicher Fachrichtungen, unter ihnen auch einige Offiziere, wurden in die Türkei entsendet.

Hindenburg, der nach dem Tod von Friedrich Ebert 1925 zum Reichspräsidenten gewählt wurde, versicherte der türkischen Regierung, dass er die deutsch-türkischen Beziehungen zu intensivieren beabsichtige. Seine Begegnung mit Atatürk 1917 in Bad Kreuznach war ihm in Erinnerung geblieben. In einem Glückwunschschreiben zum 10. Jahrestag der Gründung der Republik Türkei an Staatspräsident Atatürk heißt es: »Es ist mir ein besonderes Bedürfnis, Eurer Exzellenz zu versichern, dass das deutsche Volk die in schweren Zeiten erprobte Freundschaft mit der türkischen Nation niemals vergessen, sondern stets bewahren und vertiefen wird.«

Wirtschaftliche Aspekte spielten nach wie vor eine große Rolle im Verhältnis beider Staaten zueinander. 1927 wurde in Berlin die *Türkische Handelskammer* gegründet. Für den türkischen Außenhandel war das Deutsche Reich einer der wichtigsten Partner. Noch während des Zweiten Weltkrieges ging mehr als die Hälfte des Exports, vor allem Chromerz, Kupfer, Getreide, Olivenöl, Wolle, geknüpfte Teppiche, Tabak, Trockenfrüchte, dorthin. Ein wichtiger Exportartikel für die Deutschen waren Waffen. Trotz Verbots hatte es schon Anfang der zwanziger Jahre Lieferungen von militärischem Material an Mustafa Kemals Unabhängigkeitsbewegung gegeben. Dies setzte sich auch später fort.

Studieren unter dem Hakenkreuz

Die Weltwirtschaftskrise hatte einen Rückgang der türkischen Bevölkerung in Berlin zur Folge, von 1 047 im Jahr 1929 auf 585 drei Jahre später. 1932 lebten nur insgesamt 137 türkische Studenten in Deutschland. Doch im Laufe der dreißiger Jahre stieg die Zahl der türkischen Wissenschaftler, Arbeiter, Lehrlinge und Studenten wieder an und erreichte bis zum Ausbruch des Krieges fast 3 500, soviel wie nie zuvor. 1940 studierten 333 Türken an deutschen Hochschulen.

Von den Studenten hatten sich die meisten in der Türkei einem strengen Auswahlverfahren zu unterziehen, denn ihr Studium wurde staatlich finanziert. Die zukünftigen Ingenieure, Ärzte und Lehrer sollten dem Aufbau der modernen Türkei dienen. Voraussetzung für das Studium an einer deutschen Lehranstalt war in Deutschland die Sprachprüfung am *Deutschen Institut für Ausländer*. Die Studenten zeigten Ehrgeiz und Engagement, auch wenn die Umstellung auf deutsche Lebensweisen nicht allen leicht fiel. Mancher passte sich den deutschen Gepflogenheiten aber auch gerne und schnell an, insbesondere was den Genuss von Alkohol anbelangte, wie sich Ekrem Akurgal, der von 1932 bis 1942 in Berlin Klassische Archäologie studierte und später an der Universität Ankara lehrte, mit Vergnügen erinnert: Am Tag nach seiner Ankunft in einem Hotel am Kurfürstendamm ging er frisch geduscht und rasiert zwei Stunden auf dem Boulevard spazieren, um dann bei Rotwein und Wiener Schnitzel das Mittagessen zu genießen. Als ein Freund ihn erstaunt fragte, ob er schon immer Alkohol getrunken habe, antwortete er: »Dort ist Istanbul, hier ist Berlin. Es gibt keinen Grund, sich nicht den hiesigen Sitten anzupassen.« Auch von offizieller Seite wurde die Nichtbeachtung islamischer Gebote keineswegs geahndet, war doch die offizielle Politik säkularisiert. An die aus türkischer Sicht

Türkische Studenten der Technischen Universität 1937.

ungewöhnlichen Essgewohnheiten der Deutschen erinnerte sich die Sängerin Saadet Ikesus, die in Wilmersdorf zur Untermiete wohnte und mit den Wohnungsbesitzern gemeinsam speiste, noch Jahre später: »eine Tasse trübes Wasser als Tee« und die zum Abendessen gereichte Platte »mit dünnen Broten, hauchdünn mit Butter bestrichen und belegt mit sehr dünnen halben Wurstscheiben, Sardinenstücken und Tomaten« hielt sie für die Vorspeise. Vom dominierenden Dünn beeindruckt, war ihr Fazit: »Andere Länder, andere Sitten.«

Die türkischen Stipendiaten waren finanziell gut ausgestattet. So berichtet unser Kudamm-Flaneur Ekrem Akurgal von Opernbesuchen auf den besten Plätzen, vom Dinieren im Kempinski, von Maßanzügen, Tennis und Reiten. Vorzeitig zurück ging der junge Schriftsteller Sabahattin Ali. Er war 1928 zur Ausbildung als Fremdsprachenlehrer nach Berlin gekommen. Kein Jahr später geriet er mit einem Kommilitonen in einen tätlichen Streit, der ihn nach eigenen Angaben als »türkischen Parasiten« beschimpft hatte. Sabahattin Ali brach sein Studium ab – ob freiwillig oder nicht, ist ungeklärt. Eine Freundin erinnert sich an Gerüchte, die besagten, dass er kommunistisches Gedankengut habe verbreiten wollen und deshalb aus der Schule geworfen worden sei.

In einigen Werken hat er seine in Berlin und Potsdam (wo er anfänglich wohnte) gesammelten Eindrücke verarbeitet. So heißt es in einem Gedicht:

»Die Straßen stundenlang geradeaus ohne Biegung
Darauf gehen die Deutschen ohne zu lächeln (…)
Und wenn auch die Straßen sauberer als unsere Häuser sind,
Und sie auch ihre pompösen Plätze schmückten;
Dann hat die Stadt doch nicht den Schmuck eingestürzter Stadtmauern (…)«

Die Sauberkeit und Effizienz lobt so mancher türkische Berlin-Beobachter, um gleich im nächsten Satz auf eine gewisse Ödnis im Stadtbild und Freud- und Espritlosigkeit der Menschen hinzuweisen. Man bewundert, wie alles funktioniert, aber bemerkt missfällig, wie im gesellschaftlichen Umgang die kühle Distanz dominiert, die unter Alkoholeinfluss umschlägt in ihr zügelloses Gegenteil. Der freie Umgang zwischen den Geschlechtern gehört zu den Auffälligkeiten für viele der türkischen Beobachter, die ihn je nach Standpunkt für empörend oder nachahmenswert halten.

Unter den entsandten türkischen Studenten gab es auch mehrere Frauen, darunter war Malahat Togar, die mit 20 Jahren zur Ausbildung als Deutschlehrerin nach Berlin kam. Später übersetzte sie zahlreiche Werke deutscher Dichter, allen voran Hölderlin, ins Türkische und wurde dafür in der Bundesrepublik Deutschland mit der Hölderlin-Medaille und dem Bundesverdienstkreuz ausgezeichnet. In ihrer Erinnerung an ihren Mitstudenten Sabahattin Ali, mit dem sie während seiner Berlin-Zeit befreundet war, schreibt sie: »Wenn die deutschen Internatsschüler sahen, dass er kam, sagten sie: ›Da kommt der freundliche Türke.‹ Und tatsächlich hatte er mit seinem offenen Gesicht und seinem Lächeln eine sehr gewinnende Art.«

Schwarze Haare, dunkle Augen und braune Haut, wer so aussah, lebte in den nächsten Jahren nicht ungefährlich. Oder besser gesagt: Wer aus Nazi-Perspektive »jüdisch« aussah, musste mit körperlicher Gewalt rechnen. So wurde nach Angaben von Şefik Okday, der von 1930 bis 1936 in Berlin Ingenieurwissenschaften studierte, der türkische Kulturattaché Cevat Bey wegen seines Aussehens brutal zusammengeschlagen. Und er selbst sei mit Freunden als »dreckige Juden« beschimpft worden, weil sie einem Fackelzug keine Beachtung geschenkt hatten.

Die Machtergreifung Hitlers, die sich anschließende rücksichtslose Gleichschaltung in Politik, Gesellschaft und Kultur sowie den wachsenden Antisemitismus haben die türkischen Studenten miterlebt, und das bereits auf der pragmatischen Ebene der Unterkunftsuche: Da jüdische Wohnungsbesitzer nicht an Deutsche vermieten durften, fanden die türkischen Studenten bei ihnen leichter ein Zimmer. Die 19-jährige Musikstudentin Saadet Ikesus Altan erinnert sich an dieses Verbot: »Ich staunte sehr. Ich wusste nicht, dass Arier und Semiten unterschieden wurden. Ich antwortete: ›Ich bin Türkin. Wenn ihnen das nichts ausmacht, dann ist auch ihre Herkunft für mich kein Hindernis.‹« Anfänglich politisch naiv, arrangierte sich Saadet Ikesus Altan mit dem Regime, um ihren größten Wunsch, Opernsängerin zu werden, realisieren zu können. Schon als Studentin trat sie als Sängerin im deutschen Radio auf und gelangte zu Bekanntheit. Trotz fehlenden »Ariernachweises« gelang es ihr, ein Engagement an der Duisburger Oper zu erhalten. Damit verbunden waren von der Nazi-Organisation »Kraft durch Freude« arrangierte Auftritte in

Kasernen. Saadet Ikesus Altan erinnert sich an einen General, der sie als »Rose von Stambul« bezeichnete, wahrscheinlich ohne zu wissen, dass die Operette das Werk eines jüdischen Komponisten war. Sie tanzte mit den Nazis und versuchte gleichzeitig ihren jüdischen Vermietern zu helfen, indem sie deren Wertsachen vor Hausdurchsuchungen bei sich versteckte. In einem privaten Brief erinnert sie sich an eine paradoxe Situation in der türkischen Botschaft, wo sie trotz Warnung ihrer Freunde die Arie der Dalila aus der Oper *Samson und Dalila* von Camille Saint-Saëns sang. Sie antwortete auf die Bedenken ihrer Freunde, ein jüdisches Opernthema eines französischen Komponisten in Anwesenheit von Nazigrößen vorzustellen, dass sie als Türkin auf türkischem Boden singen könne, was sie wolle.

Die Philosophiestudentin Zahide Gökberk sah in den Jahren ihrer Studienzeit von 1935 bis 1940 »die prächtigsten des Hitlerregimes«. Und wohl vor dem Hintergrund späterer Zeiten: »Türke zu sein, war im damaligen Deutschland kein Anlass zu Scham, sondern zu Stolz.« Sabahattin Ali hatte, wie bereits erwähnt, einige Jahre zuvor als linker Schriftsteller andere Erfahrungen gemacht. Wie weit die Bewunderung der türkischen Studenten zum Deutschen Reich ging und inwieweit nationalsozialistische Ideologie unter ihnen Verbreitung fand, wird in den persönlichen Erinnerungen ausgespart und ist in der Forschung bisher unberücksichtigt geblieben. Şefik Okday, der als Jude beschimpft worden war, bemerkt in Erinnerung an die damalige Zeit, er wäre wohl selbst Mitglied der Bewegung geworden, wäre er Deutscher gewesen.

Von einer ungewöhnlichen, heute nicht mehr nachprüfbaren Aktion Hitlers berichtet Emine Adalet Pee. Nur damit der Führer sie sehen konnte, sei sie mit einem Sonderzug von Wien nach Berlin gebracht worden, erzählte die türkische Tänzerin 1985 in einem Interview mit dem türkischen Boulevardblatt *Hafta Sonu*. Man habe zusammen gespeist und über die vergangenen Kriege und Atatürk gesprochen; er habe ihr Komplimente gemacht. Dann sei sie nach Wien zurückgebracht worden. Emine Adalet Pee lebte zeitweilig in Berlin, in der Martin-Luther-Straße 16. In der Nähe befand sich die *Scala,* wo sie als »letzte Tochter des Harems« auftrat. Nach eigenen Berichten entstieg sie bei ihrem Auftritt einer riesigen Wasserpfeife und begann dann zu tanzen.

Nach Engagements in Paris, New York, London, Warschau und Stockholm ging sie später noch einmal nach Berlin. Sie wirkte in verschiedenen UFA-Filmen mit, u.a. 1943 in *Münchhausen* mit Hans Albers in der Hauptrolle. Der Baron gerät in die Gefangenschaft des Sultans, gespielt von Leo Slezak, wird aber gegen eine Flasche guten Tokaier freigelassen. Das in diesem Film gezeigte Türkenbild ist überzeichnet bis zur Parodie, zu sehen ist ein grausamer und vergnügungssüchtiger Herrscher, tumbe Untertanen und, natürlich, der Harem. Der anlässlich des 25-jährigen Bestehens der UFA von Reichspropagandaminister Joseph Goebbels in Auftrag gegebene Film mit einem für Kriegszeiten riesigen Budget von etwa 6,5 Millionen Reichsmark zeigte mehrere Szenen mit halbnackten Frauen, an denen Emine Adalet Pee wohl auch beteiligt war. Nach dem Krieg ging sie in die Türkei zurück, wo sie nicht an ihre alten Erfolge anknüpfen konnte und später mittellos verstarb.

Folgt man den Ausführungen von Falih Rifki Atay, Journalist und enger Vertrauter Mustafa Kemal Atatürks, soll Hitler den türkischen Staatsführer sehr geschätzt haben. Auf einem Treffen mit einer türkischen Delegation habe Hitler gesagt: »Mustafa Kemal hat uns bewiesen, dass er ein Mann war, der einem von allen Mitteln entblößten Volk geholfen hat sich zu retten, und ihm erneut die Schaffung aller Mittel ermöglicht hat. Sein erster Schüler ist Mussolini, sein zweiter bin ich.« Dieses leicht ungelenk rückübersetzte Zitat macht eins deutlich: Hitler bewunderte Atatürk, den siegreichen Kämpfer gegen die englische Vormacht.

In seiner Verbeugung vor Atatürk betont er ihre ideelle Verbindung: die Überwindung der historischen Demütigung durch die Siegermächte. Wie bereits vor dem Machtantritt Hitlers waren die wirtschaftlichen Beziehungen zwischen dem Deutschen Reich und der Türkei weiterhin intensiv. Von 1935 bis 1938 konnten die Deutschen ihre Exporte in die Türkei mehr als verdoppeln.

Als der türkische Botschafter in Berlin, Kemaleddin Sami Pascha, 1934 starb, wurde der Trauerzug bis zum Anhalter Bahnhof von Kränze tragenden Soldaten der SA begleitet. Nach der Beschreibung von Sabih Gözen schritt dem Sargwagen ein deutscher Offizier voran, der auf einem Samtkissen einen Orden des Verstorbenen in seinen Händen trug. Dem Wagen folgten Angehörige der Türkischen Botschaft, Studenten und andere türkische Bewohner Berlins. Den Abschluss bildete die Reiterstaffel der Berliner Polizei. Eine zeitgenössische Fotografie zeigt eine mit dem Hitlergruß salutierende Menschenmenge am Straßenrand.

Weit entfernt von diesen offiziellen türkischen Kreisen bewegte sich ein Mann, der an der Leipziger Universität seinen Doktor in Jura gemacht hatte und nun öfters in der Reichshauptstadt war. Sein Name: Kamuran Bedirkhan. Seitdem in der Türkei die Kurden zu »Bergtürken« erklärt und ihre Sprache verboten worden war, lebte der 1895 geborene Spross einer kurdischen Fürstenfamilie im Exil. In Berlin arbeitete er intensiv mit dem Orientalisten Karl Hadank zusammen, welcher der Nachfolger vom Erforscher des Kurdischen, Oskar Mann, war. Bedirkhan veröffentlichte in Berlin 1937 den Roman *Der Adler von Kurdistan* über den kurdischen Widerstand in der Türkei. Nach dem Krieg gründete er in Paris ein kurdisches Studienzentrum.

Die diplomatischen Beziehungen zwischen dem Deutschen Reich und der Türkei verschlechterten sich, nachdem Italien im April 1939 Albanien besetzte und ein deutsch-italienisches Bündnisabkommen folgte. Eine türkische Delegation gratulierte dem

Führer persönlich am 20. April des Jahres zum Geburtstag, doch man suchte die Verbindung zu England und Frankreich zu stärken und ratifizierte noch 1939 ein Beistandsabkommen mit beiden Ländern. Dem deutschen Botschafter in Ankara, Franz von Papen – dem einstigen Steigbügelhalter Hitlers zur Macht – wurde mitgeteilt, dass im Falle einer Diskriminierung der türkischen Studenten im Deutschen Reich, die 80 Prozent ihrer Auslandsstudenten ausmachten, alle deutschen Lehrkräfte, Berater und Techniker die Türkei zu verlassen hätten. Doch von Papen gelang es, das Verhältnis zu stabilisieren: 1941 wurde ein deutsch-türkischer Freundschaftsvertrag abgeschlossen und das deutsch-türkische Handelsabkommen von 1938 erneuert. Hitler soll den Türken weitreichende Gebietsversprechungen gemacht haben, um sie als militärische Verbündete zu gewinnen. Doch die schlechten Erfahrungen des Ersten Weltkriegs hatten die Türken vorsichtig gemacht, sie lehnten es ab, ihre neutrale Position aufzugeben. Mit dem Beginn des Zweiten Weltkriegs wurden die türkischen Stipendiaten zurückgerufen. Einige von ihnen kehrten jedoch kurz darauf wieder nach Berlin zurück. So Jale Inan, die seit 1934 Klassische Archäologie studierte und 1943 in Berlin promovierte. Ihre Nächte im Luftschutzkeller hat die spätere Hochschulprofessorin in Istanbul ebensowenig vergessen wie ihre von Lebensmittelmarken zusammengestotterte Doktorfeier.

1944 endeten die diplomatischen Beziehungen zwischen dem Deutschen Reich und der Türkei. Die meisten Türken verließen Berlin. Zur Zeit der Kapitulation lebten noch 79 von ihnen in Berlin. Zu den wenigen, die blieben, gehörte der Schuhmachermeister Ahmet Talib, der seit mehr als 15 Jahren eine eigene Werkstatt südlich von Berlin in Fürstenwalde betrieb. Als einer der ersten Lehrlinge des Osmanischen Reichs war er im April 1917 zur Ausbildung nach Berlin gekommen. Da Ahmet Talib nicht an den sogenannten Befreiungskriegen Atatürks teilgenommen hatte und auch nach der Gründung der türkischen Republik nicht im Land auftauchte, wurde ihm die türkische Staatsbürgerschaft entzogen. Als Staatenloser durfte er seine deutsche Freundin nicht heiraten. In »wilder Ehe« bekamen sie Nachwuchs und lebten ihr bescheidenes Leben in dem kleinen Ort. Erst Jahrzehnte später, im Jahr des Mauerbaus, erhielt er die Staatsbürgerschaft der DDR. Gern hätte er die Türkei besucht, doch die notwendigen Devisen fehlten ihm. So lebte er als einer der wenigen Türken in der DDR bis zu seinem Ende dort, ohne jemals seine Heimat wiedergesehen zu haben.

Während der Nazizeit waren etwa 200 deutsche Wissenschaftler in die Türkei geflohen, vermittelt durch die *Notgemeinschaft deutscher Wissenschaftler im Ausland*, die sich kurz nach dem Machtantritt Hitlers in Zürich gegründet hatte. Viele andere waren auf direkte Einladung der türkischen Regierung ins Land gekommen. Sie unterstützen die Reformierung der akademischen Einrichtungen nach westlichem Muster und die Modernisierung der Infrastruktur des Landes; unter ihnen waren der Komponist Paul Hindemith und der Philosoph Hans Reichenbach. Deutsche Architekten und Städteplaner wie der ehemalige Stadtbaurat von Berlin, Martin Wagner, der Protagonist des Neuen Bauens, Bruno Taut, und die Erfinderin der Frankfurter Küche, Margarete Schütte-Lehotzky, lehrten an der Istanbuler Akademie der Künste, entwarfen Regierungsgebäude, Denkmäler, planten Straßen- und Verkehrskonzepte und widmeten sich der Entwicklung des ländlichen Raums.

Zwischen Euphorie und Enttäuschung

Die ersten »Gastarbeiter« in Berlin

»Wo ich satt werde, da ist auch meine Heimat.«

türkisches Sprichwort

»Deutschland hat viele Familien zerrüttet und viele Familien gegründet. Es gibt welche, die es bereuen, es gibt welche, die sagen: gut, dass ich gekommen bin.«

Celal, seit 1969 in Berlin

»Wird ein Türke Berlins Oberbürgermeister?« titelte die Berliner Tageszeitung *Vorwärts* am 19. November 1946 wenig türkenfreundlich, denn sie verstand diese Frage als einen polemischen Angriff auf den Nachkriegspolitiker, der für dieses Amt kandidierte. Über 92 Prozent der Berliner hatten kurz zuvor zum ersten Mal seit 1933 ihre Stadtverordneten gewählt, und zwar in der ganzen Stadt, noch war Berlin nicht geteilt. Doch die Gegensätze wurden bereits deutlich. Im sowjetischen Sektor war die SPD mit der KPD bereits vor Monaten zur Sozialistischen Einheitspartei Deutschlands (SED) zwangsvereinigt worden. Sie erreichte bei der sogenannten Berlinwahl 1946 nur knapp 20 Prozent, rund zwei Prozent weniger als die CDU, während fast die Hälfte der Wähler für die SPD stimmte. Deren Mitglied war auch der im *Vorwärts* erwähnte »Türke«. Er war von Ankara in die kriegszerstörte Stadt zurückgekehrt und wurde nun wie schon in den zwanziger Jahren Verkehrsdezernent. Sein Name: Ernst Reuter.

Der Mann mit der Baskenmütze sollte während der elfmonatigen Berlinblockade und Luftbrücke zum populärsten Politiker der Stadt werden. Im Jahr 2003 erinnerte sein Sohn Edzard, der langjährige Vorstandsvorsitzende der Daimler Benz AG, auf einer Gedenkveranstaltung des Berliner Senats an die Zeit in der Türkei: »Jeglicher Gedanke an eine von höheren Wesen vorgegebene Überlegenheit irgendeiner Lebenseinstellung, noch dazu, wenn sie sich auf religiöse Dogmen beruft, war ihm fremd, ja zutiefst verdächtig. In dieser Hinsicht hat ihn das Zusammenleben mit den türkischen Menschen während der Zeit unserer Emigration in den Erfahrungen bestärkt, die er schon in seinem früheren Leben gemacht hatte: dass nämlich der Respekt vor andersartigen Kulturen, dass die Achtung vor den anderen, dass Hilfsbereitschaft und Gastfreundschaft, dass Freiheitsliebe, Solidarität und Opfermut überall dort zu Hause sind, wo Menschen in Frieden und in Würde miteinander leben wollen.« Dass sie in der Türkei Offenheit, Toleranz und Gastfreundschaft schätzen gelernt hatten, betonte Edzard Reuter bei vielen Gelegenheiten, und dass er sich wünschen würde, man würde in Deutschland den türkischen Kindern so begegnen, wie man ihm begegnet sei: ohne Vorbehalte.

Die positiven Erfahrungen Reuters in der Türkei bedeuteten nicht, dass nach 1945 ein reger Austausch zwischen den Ländern begonnen hätte. 1938 waren etwas mehr als 3300 Türken in der Stadt gemeldet, um 1950 waren es keine hundert mehr. Die viel beschworene Waffenbrüderschaft im Ersten Weltkrieg hatten die meisten vergessen. Während des Zweiten Weltkriegs war die Türkei neutral geblieben, nur kurz vor Kriegsende, im Februar 1945 trat sie auf Seiten der Alliierten eher symbolisch in den Krieg ein, um Mitglied der Vereinten Nationen werden zu können. Hitlers

Werben um die Türkei als Bündnispartner war umsonst gewesen. Dementsprechend wenig hatte man die Türkei in der deutschen Öffentlichkeit wahrgenommen.

Es war eine Sensation, als am 17. Juni 1951 zum ersten Mal in der Geschichte des Fußballs eine türkische Nationalmannschaft gegen eine deutsche antrat, und das im vollbesetzten Berliner Olympiastadion, in dem damals wegen der nicht vollständigen Bestuhlung mehr als 100 000 Zuschauer Platz fanden. Das Spiel endete mit einer 1:2 Niederlage für Deutschland. Das auswärtige Rückspiel im selben Jahr verlief für die deutsche Mannschaft erfreulicher mit 2:0.

Für Türken blieb es schwierig ins Ausland zu reisen. Erst die neue Verfassung von 1961 garantierte ihnen Reisefreiheit, die viele nutzten, um im Ausland Geld zu verdienen. In der Bundesrepublik Deutschland galt bis 1965 die 1938 erlassene Ausländerpolizeiverordnung, die Ausländern mit gültigem Reisepass und nachweislich »nutzbringender« Beschäftigung das Aufenthaltsrecht zusprach, wenn sie zudem »der Gastfreundschaft würdig« waren. Auch nach Einführung des neuen Gesetzes 1965 änderte sich an der Willkür nicht viel, denn das Zulassungskriterium war nun die »Nichtbeeinträchtigung der Belange der Bundesrepublik Deutschland.« Die Belange konnten sehr vielfältig sein.

Nicht der früh verstorbene Ernst Reuter, sondern ein anderer Nachkriegspolitiker sollte für einen engeren Kontakt zwischen der Türkei und Deutschland sorgen. Bundespräsident Theodor Heuss besuchte 1957 die Türkei und unterzeichnete dort ein Kulturabkommen, das die Zusammenarbeit »auf geistigem, künstlerischem und wissenschaftlichem Gebiet« und »das Verständnis für die Einrichtungen und das soziale Leben des anderen Landes im eigenen Land« fördern sollte. Es war auf fünf Jahre angelegt und bildete die Grundlage für die universitäre Kooperation und die Entsendung deutscher Lehrer an türkische Schulen, wie z. B.

die deutsche Abteilung des *Istanbul Lisesi*. In Wirklichkeit war das Abkommen kein Austausch, sondern der Export deutscher Kultur in die Türkei. Noch 2008, als der türkische Staatspräsident die Gründung türkischer Bildungseinrichtungen in Deutschland anregte, ging ein Aufschrei durch die deutsche Presse und Politiker empörten sich über solch einen Vorschlag.

Während seines Türkeibesuchs lud Heuss Berufsschulabsolventen ein, sich hier fortzubilden. 150 »Heuss-Türken«, wie sie später genannt wurden, kamen und arbeiteten vor allem bei den Ford-Werken in Köln, manche blieben bis zum Rentenalter. Wie Ernst Reuter hatte auch Heuss die Türkei aus eigener Anschauung kennengelernt. Er hatte dort während des Ersten Weltkriegs für den Werkbund gearbeitet und war mit Nationalliberalen wie Friedrich Naumann und Ernst Jäckh bekannt, die beide die deutsch-türkischen Beziehungen förderten.

Neben der offiziellen ersten Vermittlung von türkischen Arbeitskräften nach dem Heuss-Besuch in der Türkei gab es immer häufiger auch Anwerbungen auf Privatinitiative, vermittelt durch türkische Übersetzungsbüros oder durch persönliche Kontakte. Die ersten türkischen »Gastarbeiter«, wie man die Arbeitnehmer nicht-deutscher Staatsbürgerschaft nannte, waren im Jahr 1956 auf Initiative des Weltwirtschaftsinstituts in Kiel nach Deutschland gekommen.

Offizielle Wege – das Anwerbeabkommen von 1961

1960 begannen zwischen der Bundesrepublik Deutschland und der Türkei die Verhandlungen über ein Anwerbeabkommen, das dann am 31. Oktober 1961 geschlossen wurde. Mit Italien war bereits 1955 ein ähnliches Abkommen ratifiziert worden, Spanien und Griechenland waren 1960 gefolgt. Wenig bekannt ist, dass es die Entsendeländer waren, die um die Aufnahme ihrer Arbeiter in Deutschland baten. Die Türkei wollte damit unter anderem den unkontrollierten Arbeitsvermittlungen – die teilweise von Kriminellen zum Menschenhandel ausgenutzt wurden – das Wasser abgraben. Ausschlaggebend für den Wunsch, Arbeiter nach Deutschland zu entsenden, war aber in erster Linie die schwierige wirtschaftliche Situation im Land. Die vom Marshall-Fund finanzierte Maschinisierung der Landwirtschaft hatte zu Massenarbeitslosigkeit geführt. Man hoffte, die Arbeitsmarktsituation durch die Verschickung von Arbeitern verbessern und gleichzeitig Devisen ins Land holen zu können. Da der Arbeitsaufenthalt befristet sein würde, erwartete man von den Rückkehrern einen Zuwachs an Knowhow, der die Modernisierung des eigenen Landes befördern sollte.

Bereits 1960 und nicht erst – wie oft zu lesen – nach dem Mauerbau im August 1961 gingen die deutschen Behörden von einem weiteren Bedarf an Arbeitskräften aus, der die Anwerbung von Arbeitskräften wünschenswert machte. Die Entscheidung des Arbeitsministeriums war an die Prognosen des Arbeitsmarkts gebunden, in Phasen wirtschaftlicher Rezession reduzierte man die Arbeitsgenehmigungen deutlich, worüber die auf eine Vermittlung wartenden Arbeiter allerdings nicht informiert wurden. Zunächst war die deutsche Seite nicht sehr begeistert über das türkische Angebot. Man hatte sich intern darauf geeinigt, europäischen Ländern den Vorzug zu geben, und dazu zählte die Türkei nicht. Zudem gab es weitere Bewerberländer und später – inzwischen hatte man die eurozentristische Maxime aufgegeben – auch weitere Anwerbeabkommen (mit Marokko 1963, Portugal 1964, Tunesien 1965 und Jugoslawien 1968). Dass die Türkei 1961 zum Zuge kam, wird unter anderem mit ihrer wichtigen geostrategischen Position und ihrer Nato-Mitgliedschaft begründet. Die Türkei hatte, wie Italien und Großbritannien, als eines der wenigen Nato-Mitglieder Europas der Stationierung amerikanischer Luftstreitkräfte zugestimmt.

Während der Verhandlungen über den Text des Anwerbeabkommens machte die deutsche Seite deutlich, dass sie keine Dauerbeschäftigung und Einwanderung wünsche, Familienzuzug untersagt sei und die medizinische Untersuchung sich nicht nur auf die Arbeitsfähigkeit beziehe, sondern »seuchenhygienisch« begründet sei. Was die offiziell vermittelten Menschen hinter sich hatten, wenn sie in Deutschland ankamen, ist hier nur wenigen bekannt. Zunächst einmal gehörten sie zu den »Auserwählten«, denn es war nicht einfach, einen Arbeitsplatz in Deutschland zu ergattern, zumal Facharbeiter gewünscht waren. Im Durchschnitt gab es für eine offene Stelle drei Bewerber. Als in Deutschland im Jahr 1967 eine Wirtschaftskrise einsetzte, verschlechterte sich dieses Verhältnis auf 1:20. Bevor man zur Eignungsprüfung bei der *Deutschen Verbindungsstelle* in Istanbul, die zwischen den türkischen und deutschen Arbeitsbehörden vermittelte, zugelassen wurde, hatte der Bewerber nach einer formalen Registrierung bei den Zentralen der türkischen Arbeitsbehörde in Ankara und Istanbul oder den regionalen Büros eine erste Vorauswahl zu bestehen.

Dabei wurden Altersfristen, Zeugnisse und andere notwendige Dokumente sowie äußerlich sichtbare körperliche Gebrechen geprüft. Die Teilnehmer am Verfahren wurden eindringlich instruiert:

»(...) wenn Sie die berufliche und gesundheitliche Prüfung nicht bestehen, werden Sie nicht nach Deutschland geschickt.

(...) wenn Sie die erste Auswahl bestehen, werden Sie von Spezialisten und Ärzten des Anwerbelandes einer gesundheitlichen Überprüfung unterzogen. Wenn Sie sie nicht bestehen, so werden Sie nicht nach Deutschland geschickt. Ein Einspruchsrecht besteht nicht. Um die gesundheitliche Prüfung zu bestehen, wird vorausgesetzt, dass Sie noch nie operiert wurden, keine Ohrenentzündung hatten und ihr Röntgenbild in Ordnung ist.

(...) wenn Sie innerhalb der letzten fünf Jahre auf Grund schwerer Straftaten zu einer Gefängnisstrafe verurteilt wurden, werden Sie nicht nach Deutschland geschickt.

Besorgen Sie sich einen sauberen Anzug, ein Hemd, eine Krawatte, einen Hut für die Ausreise. Diejenigen, die schlecht gekleidet sind, werden nicht nach Deutschland geschickt.«

Wer all diese Vorgaben erfüllte, durfte nach einer Wartezeit von zumeist einigen Wochen die Prüfung auf deutscher Seite machen. Man testete die Lese- und Schreibfähigkeit sowie die beruflichen Qualitäten. Berühmt-berüchtigt war die gesundheitliche Überprüfung, die in Gruppen von zehn bis fünfzehn Personen in Istanbul durchgeführt wurde. Sie ist ausnahmslos allen »Gastarbeitern« noch heute in Erinnerung. Schriftsteller wie Bekir Yıldız haben sie als demütigende Prozedur, die mehr einer »Fleischbeschau« als einer Mensch-zu-Mensch-Behandlung ähnelte, beschrieben. Allerdings sollte man bedenken, dass die Ärzte dort bis zu 700 Personen täglich zu untersuchen hatten und unter dem Druck standen, keine zukünftige Belastung des deutschen Gesundheitssystems durch kranke »Gastarbeiter« zu verursachen. Die Gesundheitsprüfung war die letzte Hürde, die es zu überwinden galt. Dementsprechend waren die Täuschungs- und Bestechungsversuche auf dieser Stufe besonders hoch. Legendär sind die Verkäufer von »garantiert gesunden« Urinproben geworden. Nach Protesten gegen die Bestechungspraktiken kam es zu Personalwechseln an den entsprechenden Stellen. Wer es geschafft hatte, vermittelt zu werden, musste sich in Deutschland meistens noch einmal einer ärztlichen Untersuchung unterziehen.

Bevor es nach Deutschland ging, bekam man von der *Türkischen Anstalt für Arbeit und Arbeitsvermittlung* eine Art Verhaltens-Anleitung, die als Erstes vor kommunistischer Infiltration durch Personen warnte, »die sich von außen eingeschlichen haben und Schaden anrichten wollen«. Zudem sollte man durch bestimmte Verhaltenweisen nicht dem »Ansehen und dem glorreichen Namen des Türkentums« schaden. Dazu gehörte es, keinen Streit anzuzetteln und das Verhalten der deutschen Frauen, die »höflich und nett zu euch sein (werden), weil sie das Heldentum des Türken lieben«, nicht als Aufforderung zu betrachten, sich ihr »auf ungebührende Weise« zu nähern. Betont wird, dass auch den Deutschen die Familie heilig sei und dass ihre Ehre so zu achten sei wie die eigene. Eingeschärft wurde den zukünftigen »Gastarbeitern«, dass sie Repräsentanten ihres Landes seien und das positive Bild, das die Deutschen von den Türken hätten, nicht beschmutzen dürften. Und da die Deutschen die Türken ausgewählt hätten, weil sie ihnen als »fleißig und disziplinliebend« bekannt seien, sollten sie arbeiten »wie die Bienen«.

Viele Türken waren erstaunt, als sie nach Deutschland kamen und bemerkten, dass sie nicht so bewundert oder geachtet wurden, wie man ihnen verkündet hatte. Den Arbeitgebern war die Nationalität ihrer Arbeiter egal, solange sie etwas leisteten. Im Bundesarbeitsblatt war es deutlich formuliert: »Kein deutscher Arbeitgeber beschäftigt Ausländer, um damit Bildungs- oder Entwicklungspolitik zu betreiben. In erster Linie interessiert ihn die Arbeitskraft.« Der *Ratgeber für türkische Arbeitnehmer in der Bundesrepublik Deutschland* drückt es etwas verklausulierter aus: »Die Bundesrepublik Deutschland entbietet Ihnen, die Sie fleißige Menschen sind, ein herzliches Willkommen (…).« Der von der Bundesanstalt für Arbeit 1963 herausgegebene Text an alle »fleißigen Menschen« betonte, mit »Fleiß und Aufrichtigkeit« könne man die »Nähe und Freundschaft zu einem Deutschen« finden, auch wenn die Deutschen eher zurückhaltend seien. »Aber«, so die naive Einschätzung, »sie sind hilfsbereit und in ihren Kontakten zu Ausländern verständnisvoll.«

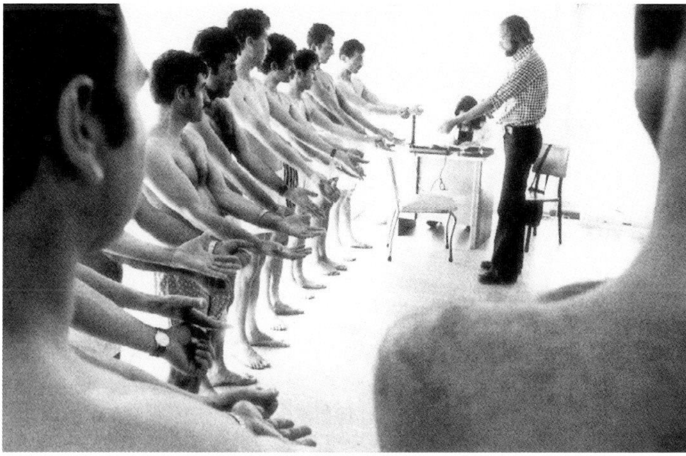

Bis zu 700 Bewerber für einen Arbeitsplatz in Deutschland untersuchten die Ärzte in Istanbul täglich.

Man erwartete damals, dass die Gastarbeiter bald wieder gehen würden, was sie ja auch selbst vorhatten. Arbeiten, Geld sparen und zurückkehren – das war der Plan der meisten Menschen. Hierin hat der Begriff des »Gastarbeiters« in jenen Jahren seine Logik. Nur der Direktor der *Deutschen Verbindungsstelle Istanbul*, Theodor Marquard, bemerkte 1966 vorausschauend: »Viele von ihnen werden in Deutschland ein neues Leben aufbauen, sie werden dort Wurzeln schlagen und ihr Heimatland nur noch als Gäste besuchen.« Er sollte Recht behalten. Das im Anwerbeabkommen festgeschriebene zweijährige Rotationsprinzip wurde 1964 aufgegeben. Es wurde von der Industrie als ungünstig bewertet, da die Einarbeitung neuer Kräfte Mehrkosten verursachte. Die *Bundesvereinigung der Deutschen Arbeitgeberverbände* äußerte in diesem Zusammenhang ihre Zufriedenheit über die Arbeiter, die sich »überraschend schnell in die deutschen Betriebe und die deutschen Verhältnisse eingewöhnt« hätten. Auch habe es über das »außerbetriebliche Verhalten« keine nennenswerten Klagen gegeben. Über das Rotationsprinzip hatte man im Vorfeld anderthalb Jahre lang verhandelt, weil das deutsche Innenministerium, anders als das Wirtschafts- und Arbeitsministerium, auf der Regelung gegen den Familiennachzug beharrte, zuletzt aber klein beigeben musste. Die »Gastarbeiter« ihrerseits merkten, dass sich in kurzer Zeit nicht so viel sparen ließ, wie sie sich wünschten. Und so blieben viele länger in Deutschland, als sie eigentlich geplant hatten.

Doch kehren wir noch einmal zur Chronologie der Ereignisse im Abenteuerroman »Arbeiten in Deutschland« zurück. Für jeden »Gastarbeiter« hieß es nach bestandener Prüfung auf dem Istanbuler Bahnhof Sirkeci Abschiednehmen, denn die Reise nach Deutschland wurde mit der Eisenbahn angetreten (später auch über den Luftweg). Aufgrund von Verspätungen und zu wenigen Sitzplätzen in den Zügen warteten viele Menschen in Istanbul tagelang auf ihre Abfahrt. Angenehmer wurde die Reise selbst auch nicht. Die Bedingungen waren katastrophal, wie selbst das Bundesministerium für Arbeit einräumte. Die eingesetzten Sonderzüge der Deutschen Bundesbahn waren mehrheitlich Nahverkehrszüge. Die durch mangelhafte Heizung eingefrorenen Wasserleitungen im Winter und zu geringe Wasservorräte im Sommer führten zu schlimmen hygienischen Zuständen. Der ausgeteilte Reiseproviant war teilweise nach kurzer Zeit verdorben oder berücksichtigte nicht die islamischen Speisevorschriften. Die Bundesanstalt für Arbeit setzte sich für Verbesserungen ein, blieb aber lange erfolglos.

Alle Züge endeten im Münchener Hauptbahnhof, Gleis 11. Gleich daneben befand sich der Zugang zu einem Luftschutzbunker, der 1960 zu einer *Weiterleitungsstelle* umgebaut worden war. Dort warteten alle ausländischen Arbeitnehmer, deren Weiter-

Junge Leute auf dem Weg nach Deutschland.

transport in die Zielstädte sich nicht gleich anschloss. Es gab sanitäre Anlagen, Schlafräume, eine medizinische Versorgung für diejenigen, die während der Fahrt gesundheitliche Probleme bekommen hatten, und eine Verpflegungsausgabe des Caritasverbandes. Während der Planung dieser Einrichtung war eigens darauf hingewiesen worden, dass man vermeiden sollte, größere Gruppen von Menschen mit Koffern und Taschen über öffentliche Straßen ziehen zu lassen. Man wollte damit verhindern, dass Erinnerungen an Zwangsarbeiterkolonnen oder jüdische Transporte wach würden. Auch nannte man die Transporte deswegen »Sammelreisen« und betonte, dass der Zuzug von »Gastarbeitern« immer auf Wunsch der Entsendeländer geschehen sei.

Von München aus ging es dann in die verschiedenen Städte der Bundesrepublik. Diese erste Begegnung mit Deutschland am Münchener Bahnhof Gleis 11 hat sich in die Erinnerungen vieler

»Gastarbeiter« eingebrannt. Die Vorstellungen von Deutschland waren oft reinste Utopien, viele glaubten, in kurzer Zeit viel Geld verdienen zu können. Manche junge Männer träumten von einem schnellen Sportwagen, andere von einem Traktor für den Betrieb zu Hause. Wiederum andere wollten einfach die Welt kennenlernen. Viele der ersten »Gastarbeiter«, die ab 1961 kamen, gehörten zur »Migranten-Elite«, zu den modernen, flexiblen jungen Facharbeitern städtischer Gebiete.

Späte Zuwanderung nach Berlin

Um nach Berlin zu kommen, fuhren die türkischen Arbeitnehmer mit dem Zug bis nach Hannover, von wo aus es mit dem Flugzeug weiterging. Die Behörden scheuten in der Hochphase des Kalten Kriegs den Reiseweg über die DDR, da Visa notwendig waren. Ein nennenswerter Zustrom von Türken nach Berlin setzte ab 1964 ein, im Vergleich zu Westdeutschland also relativ spät.

Grund dafür war die im Vergleich zu anderen Städten und Gebieten der Bundesrepublik schwierige ökonomische Situation in Berlin. Die geographische Distanz zur Bundesrepublik, die massiven Kriegszerstörungen in der Stadt, die große Menge an mittellosen oder kriegsversehrten Flüchtlingen und vor allem der unsichere politische Status verlangsamten die wirtschaftliche Entwicklung. Zwar war innerhalb von zehn Jahren das Problem der Massenarbeitslosigkeit gelöst und 1960 Vollbeschäftigung erreicht, doch ein Arbeitskräftemangel entstand deshalb noch nicht. Viele Unternehmen hatten ihre Produktion nicht hier, sondern im Westen Deutschlands wiederaufgenommen oder besaßen in der ehemaligen Hauptstadt nur »eine verlängerte Werkbank«, wie man die Niederlassungen nannte, die manche Unternehmen gründeten, um von den Subventionen zu profitieren, die

die Bundesrepublik Berliner Unternehmen und Arbeitnehmern zahlte. Trotzdem blieb Berlin noch für Jahrzehnte die größte Industriestadt zwischen Paris und Moskau.

Ende der fünfziger Jahre lebten 217 Türken in Berlin. Unter ihnen waren etwa 30 Studenten und einige Wissenschaftler, 20 Prozent gehörten der christlichen und jüdischen Minderheit an. Teilweise hatten sie hier in der Vorkriegszeit studiert, wie Aram Pestamalci, der in den dreißiger Jahren Medizinstudent war und 1948 ein Teppichgeschäft am Kurfürstendamm eröffnete. Seinem Namen nach zu schließen, war er armenischer oder aramäischer Herkunft. Die Aramäer gehören zu den jahrtausendealten Kulturen des Zweistromlandes. Im 20. Jahrhundert verließen viele aufgrund von Diskriminierung bzw. Verfolgung die Siedlungsgebiete im Südosten der Türkei. Zu anderen namentlich überlieferten türkeistämmigen Berlin-Bewohnern gehörte Mehmet Ali Civan, der ab 1917 in der Rüstungsindustrie gearbeitet hatte und später einen Tabakwarenladen in Charlottenburg eröffnete. Auch Belkasim Hamil war zunächst Industriearbeiter gewesen, hatte dann eine Kaffeerösterei und ein Kaffeegeschäft gegründet, die beide im Krieg zerstört wurden. Nach 1945 baute er eine neue Rösterei in Neukölln auf. Als »Vater der türkischen Kolonie« bezeichnete der *Tagesspiegel* 1956 Ali Riza Engin. Er war seit über 45 Jahren in Berlin und arbeitete als Ingenieur und Leiter der Versuchsanstalt bei der AEG. Insgesamt blieb der Anteil der Türken im Berlin der Nachkriegszeit für viele Jahre eher gering.

Mit dem Mauerbau am 13. August 1961 fehlten schlagartig tausende pendelnde Arbeitskräfte aus Ost-Berlin. Viele West-Berliner verließen die wirtschaftlich stagnierende Stadt trotz jetzt verstärkter finanzieller Förderung von Arbeitnehmern und Unternehmen.

1964 standen 20000 offenen Stellen 9000 Arbeitslose gegenüber. Ein Jahr später und vier Jahre nach dem deutsch-türkischen

Anwerbeabkommen waren von den 12 000 in Berlin beschäftigten Ausländern knapp 2 800 Türken. Etwa die gleiche Zahl an Italienern, Jugoslawen und Griechen lebten hier. Noch war man weit entfernt davon, Berlin die drittgrößte Stadt der Türkei zu nennen. Diese Bemerkung, mit der gerne und augenzwinkernd auf ein Zuviel an Türken in der Stadt hingewiesen wird, zeigt deutlich, dass man von türkischen Städten keine Größenvorstellung hat. Die Türkei hat heute über 70 Millionen Einwohner, Istanbul, Ankara, Izmir, Bursa, Adana und Diyarbakır sind Millionenstädte; in Gaziantep, Antalya, Kayseri und Konya leben jeweils weit über 500 000 Menschen.

Erst nach der Wirtschaftskrise 1967 stieg der Anteil türkischer Arbeiter bis 1968 auf gut 10 000, verdoppelte sich im darauf folgenden Jahr und erreichte bis zum Anwerbestopp 1973 gut 66 500.

Anders als in Westdeutschland, wo hauptsächlich Männer für die Schwer- und Autoindustrie notwendig waren, wurden in Berlin mehr Frauen angeworben. Firmen wie Siemens, Telefunken und DeTeWe suchten damals geschickte Hände, die Kleinstteile montieren konnten. Im Vergleich zu den anderen Nationen allerdings blieb der Frauenanteil bei den türkeistämmigen »Gastarbeitern« insgesamt immer am geringsten und betrug durchschnittlich ein Fünftel. Die Mehrheit von ihnen kam aus städtischem Milieu. Mitte der sechziger Jahre bildeten in Deutschland Griechinnen die größte Gruppe von »Gastarbeiterinnen«, gefolgt von Frauen aus Jugoslawien.

Von den ersten türkischen Frauen, die ins Ausland gingen, war über die Hälfte nicht verheiratet bzw. verwitwet oder geschieden. Im Laufe der Jahre stieg allerdings der Anteil verheirateter Frauen auf fast 80 Prozent, wobei sie häufiger ohne Ehemann in Deutschland lebten als verheiratete Frauen anderer Nationalitäten. 1968 waren es immerhin 27 Prozent.

Ein Grund dafür mag das größere Misstrauen der Behörden gegen Familienzusammenführungen aus der Türkei sein. Teilweise wird es einen emanzipatorischen Hintergrund haben, manche Frauen konnten auf diese Weise einer unglücklichen Ehe entkommen. Paare, die nach jahrelangen Versuchen wieder zusammenkamen, erlebten nicht selten Entfremdung und daraus resultierende Beziehungskrisen. Türkische Frauen waren in Deutschland ständiger Kontrolle ausgeliefert, fehlten Männer zur Überwachung, übernahmen diese Funktion die mitgereisten weiblichen Verwandten. Frauen, die mit Männern ausgingen, erlebten nicht selten körperliche Züchtigung durch andere Frauen.

Nicht alle türkischen Frauen verließen ihr Land nur aus wirtschaftlichen Gründen, manche hatten einfach Lust auf Neues, auf Freiheit fernab der Familie. Wie später deutsche junge Menschen ein Auslandsjahr als Au-Pair machten oder in einem Kibbuz, Kinderheim oder beim Brunnenbau in einem anderen Land halfen, so war »Gastarbeit« für die jungen Türkinnen die Gelegenheit, ohne großen finanziellen Aufwand ins Ausland zu kommen.

Zu diesen jungen Frauen gehörte Emine Sevgi Özdamar, die später als Theaterschauspielerin und Schriftstellerin Karriere machten sollte. Wie die Protagonistin in ihrem Roman *Die Brücke vom Goldenen Horn* (Köln 1998) arbeitete sie bei Telefunken, wo die Frauen mit einer Lupe auf dem rechten Auge Radiolampen montierten: »Das linke zwickte sich immer zusammen und blieb halb geschlossen. Wir schliefen auch so, das linke immer etwas gezwickt, und am Morgen um fünf Uhr, wenn wir im Halbdunkel unsere Hosen oder Röcke suchten, sah ich, dass auch die anderen Frauen wie ich nur mit dem rechten Auge suchten.« Die dünnen Drähte der Lampen, so fein »wie die Beine einer Spinne«, die gebogen werden mussten, waren »ohne Lupe fast unsichtbar«.

Özdamar berichtet von dem Leben der Frauen, das zwischen Fabrik, Bus, Supermarkt und dem »Wonaym« hin- und herpendelte. Das »Wonaym« war das Wohnheim in der Kreuzberger Stresemannstraße gegenüber dem Hebbeltheater, in dem die Frauen in Mehrbettzimmern zusammenlebten. Die Betriebe waren verpflichtet, für die »Gastarbeiter« Unterkünfte bereitzustellen, so lange das Arbeitsverhältnis dauerte. Wie Özdamar besaßen viele einen auf ein Jahr befristeten Vertrag.

Zunächst hatte man für die Unterkünfte die äußerst bescheidenen Richtlinien für Bauarbeiter-Wohnheime von 1934 zugrundegelegt. 1964 wurde beschlossen, dass pro Person vier Quadratmeter in einem Raum für sechs Personen zur Verfügung stehen mussten. 1971 setzte man die Gesamtzahl der Personen pro Zimmer auf vier herunter und erhöhte die Quadratmeterfläche pro Person auf sechs im Schlafraum und insgesamt auf acht Quadratmeter Wohnfläche. Genau festgelegt war auch die Deckenhöhe mit 2,30 Meter und die Ausstattung der Zimmer mit Tisch, Stühlen, Lampen und Schränken. Für zwei Personen war eine Kochstelle in der Gemeinschaftsküche vorgesehen, für fünf Personen ein Waschbecken, für 20 eine Dusche und eine Toilette für zehn Personen. Es gab auch Baracken auf werkseigenem Gelände, das überwacht und abgeriegelt war. Wer gegen die strengen Hausregeln verstieß, dem konnte gekündigt werden und der verlor unter Umständen damit seinen Arbeitsvertrag. Die Unternehmen erhielten vom Bundesministerium für Arbeit Zuschüsse für die Einrichtung von Unterkünften, bis 1972 flossen etwa 400 Millionen DM für den Bau oder Umbau von Wohnheimen.

Ob diese den Richtlinien entsprachen, wurde nur selten kontrolliert. Wenn geprüft wurde, fanden sich häufig Mängel. Für viele war das Ankommen im Wohnheim ein Schock. Manche glaubten ein Krankenhaus oder ein Gefängnis vor sich zu haben. Die meisten fanden sich mit den Verhältnissen ab und beschwerten sich nicht. Viele hatten keine Ahnung, dass sie als Arbeitnehmer auch Rechte besaßen.

Frauenwohnheim in Kreuzberg Mitte der sechziger Jahre.

Eingewöhnen im neuen Land

Eine der größten Herausforderungen war für viele Arbeiter und Arbeiterinnen die deutsche Sprache. Etwas einzukaufen, ohne die Sprache zu kennen, daran erinnern sich heute noch alle, ebenso wie an die ersten erlernten Worte. Manche erinnern sich an »Brot«, »Wasser«, »egal«, andere an »wie geht es dir« oder »Maschine kaputt« und »gut, gut«. Man lernte die Schlagzeilen der Boulevardzeitungen auswendig. Oder man benutzte seine Phantasie, um sich verständlich zumachen, wie es Özdamar schildert: »Um Zucker zu beschreiben, machten wir vor der Verkäuferin Kaffeetrinken nach, dann sagten wir Schak Schak. Um Salz zu beschreiben, spuckten wir auf Herties Boden, streckten unsere Zungen raus und sagten: ›eeee‹. Um Eier zu beschreiben, drehten wir unseren Rücken zu der Verkäuferin, wackelten mit unseren Hintern und sagten: ›Gak gak gak.‹« Sie bekamen, was sie wollten. Andere waren nicht so erfolgreich: »In den ersten Jahren konnte niemand Deutsch. Wir haben uns immer mit Zeichen verständigt. Wenn wir einkaufen gingen, haben wir nur gucken können und nur etwas gekauft, was uns bekannt vorkam, wenn nicht, gingen wir ohne Einkauf wieder nach Hause.« (Hakkı, seit 1963 in Deutschland, seit 1970 in Berlin)

Heute gilt Spracherwerb als Grundvoraussetzung für Bildung, aber in den ersten Jahrzehnten lernten viele die Sprache des Gastlandes nicht oder nur sehr begrenzt. Wieso er kein Deutsch gelernt habe, erklärt ein türkeistämmiger Rentner so: »Ich nach Deutschland gekommen, kein Deutsch sprechen. Auf Arbeit Kollegen Türkisch sprechen, später Familie Türkisch sprechen. Einziger Deutsch sprechen: Chef. Aber wenig mit Chef sprechen – kein Deutsch lernen.«

Der Mangel an Gelegenheit Deutsch zu lernen verdeutlicht die recht starke Isolation der türkischen »Gastarbeiter« in Deutschland. Viele hatten zu ihren deutschen Nachbarn oder Arbeitskollegen keinen oder nur sehr oberflächlichen Kontakt, was durch das Leben in den Wohnheimen verstärkt wurde. Man kann für diese Isolation weder die Deutschen noch die Türken verantwortlich machen, weder Ausländerfeindlichkeit noch Abschottungswunsch. Auf das Fremdartige zuzugehen, bedeutet immer auch Anstrengung. Selbst wer die Gelegenheit dazu hat, ergreift sie deshalb nicht unbedingt. Mit der baldigen Rückkehr im Hinterkopf hielten manche der ersten Generation das Deutschlernen für weniger wichtig. Und selbst für diejenigen, die es wollten, war es oft unmöglich einen Deutschkurs zu belegen, weil sie Schicht arbeiteten, die Zeit nicht fanden oder keine Informationen über die zudem raren Angebote hatten.

Die beengten Wohnverhältnisse, die unbekannte Umgebung, die fremde Sprache, die ungewohnten Lebensmittel, Heimweh nach dem alten Wohnort und bei vielen die Sehnsucht nach der zurückgelassenen Familie bestimmten das Leben der türkeistämmigen Arbeitnehmer und Arbeitnehmerinnen in den ersten Jahren.

Zwischengeschlechtliche Beziehungen waren ein großes Thema für die jungen Männer. Manche Männer interpretierten die freizügige Art der deutschen Frauen falsch und stießen auf große Ablehnung bei ihren Annäherungsversuchen. Auch wenn sich keiner im Interview darüber äußert, sexuelle Frustration gab es zur Genüge. Es ist wieder die Schriftstellerin Özdamar, die uns einen Einblick gewährt und im Roman das anspricht, was andere verschweigen. Sie erzählt von den verzweifelten Versuchen eines türkischen Mannes, in der Sprachlehrerin eine deutsche Geliebte zu finden, und den türkischen Männern, die sich in Ost-Berlin eine Geliebte suchten. »Am Alexanderplatz gab es ein Restaurant, den Alextreff, wo das Essen sehr billig war … Im Alextreff saßen viele türkische Männer aus dem Westen mit Geschenken in ihren Plastiktüten, die dort Ost-Berliner Frauen suchten. Weil sie nicht wussten, dass ich sie verstand, sprachen sie laut über Frauen und Sex. Stundenlang saßen sie da und suchten und suchten.«

So wie die Deutschen wenig über türkische Kultur und Lebensart wussten, waren viele Türken kaum über Deutschland informiert. In der Türkei kursierten alle möglichen Gerüchte darüber, wie paradiesisch es in Deutschland sei. Alle möglichen Wunder der Technik, wie beispielsweise die per Knopfdruck aus der Wand fahrenden Betten, wurden dort erwartet. Dementsprechend enttäuscht waren viele, als sie das graue Berlin mit seinen heruntergekommenen Mietskasernen sahen. Man kannte weder das Lohn- und Preisniveau noch die Normen und Regeln. Ein sinnfälliges kulturelles Missverstehen gab es beispielsweise hinsichtlich der Toilettenarten. Während viele Türken die Selbstreinigung mit Wasser gewohnt waren und entsetzt feststellen mussten, dass die Deutschen darauf verzichteten, erließen einige Bundesländer einen »Toilettenerlass« mit detaillierten Vorschriften.

Nicht wenig Deutsche sahen mit Misstrauen Ausländer am Bahnhof »herumlungern«, doch die Raumverhältnisse in den Wohnheimen erlaubten keine Zusammenkünfte. Nicht überall gab es die türkischen Vereine und nicht jedem sagten sie zu. Die Miete für eine Bettstelle betrug durchschnittlich etwa 50 DM, was als Summe gering erschien, aber angesichts des Standards recht hoch war. Nachdem man das Rotationsprinzip aufgegeben hatte und die Arbeitsverträge der »Gastarbeiter« verlängerte, versuchten sie auf dem freien Markt eine Wohnung zu finden, stießen dabei aber oft auf Vorbehalte der Vermieter und Nachbarn.

Natürlich ging es darum, preisgünstigen Wohnraum zu finden. Und der war in den traditionellen Arbeitervierteln Berlins vorhanden, in Kreuz- und Schöneberg, im Wedding. 1974 betrug der Ausländeranteil in Kreuzberg insgesamt 23 Prozent, im Wedding 17 Prozent und in Tiergarten 15 Prozent. Dementsprechend gab es in Kreuzberg die ersten Bemühungen, sich um die »Gastarbeiter« zu kümmern. Am 9. Dezember 1971 fand dort die erste Sitzung des bundesweit ersten Ausländerbeirats statt, die erste Ausländerbeauftragte nahm hier ihr Amt auf. Nach einer ersten Beratungsstelle 1966 am Halleschen Ufer richtete die Arbeiterwohlfahrt 1972 in der Adalbertstraße eine größere für türkische und jugoslawische Arbeitnehmer ein, die zudem Sprach- und andere Fortbildungskurse anbot und als Freizeittreffpunkt fungierte. Gleichzeitig wurden 300 Kindergartenplätze für türkische und jugoslawische Kinder in sieben Betreuungsstätten geschaffen. Die AWO übernahm zudem die Trägerschaft der Vormundschaftsstelle für türkische und jugoslawische Jugendliche.

Die erste öffentliche türkische Bibliothek wurde 1974 im ehemaligen Krankenhaus Bethanien eingerichtet. Hier, im Südosten Kreuzbergs, in SO 36, wie es nach dem alten Postzustellbezirk hieß, lag der türkische Bevölkerungsanteil am höchsten. In diesem Bereich gab es zahlreiche Altbauten, die auf ihren Abriss warteten und dementsprechend von ihren Besitzern vernachlässigt wurden. Die heruntergekommenen Wohnungen mit Ofenheizung und Außentoilette fanden nur schwer deutsche Mieter und so durften hier »Gastarbeiter« einziehen. Zugleich konnten die Vermieter sie leichter wieder loswerden, wenn abgerissen werden sollte. Manche von ihnen wurden so zu »Nomaden der Sanierung«.

Chancen, beim Sozialen Wohnungsbau berücksichtigt zu werden, hatten sie als Ausländer trotz des meist geringen Einkommens keine. Schon bald wurde aufgrund dieser Praxis vor Verslumung und Gettobildung gewarnt, die Politik reagierte darauf mit einer Zuzugssperre. Am 1. Januar 1975 trat sie für die Bezirke Kreuzberg, Wedding und Tiergarten in Kraft.

Kreuzbergs türkische Bevölkerung sank von 28 155 Personen auf 23 128 Ende 1976. Etwa 5 000 Personen verließen innerhalb von zwei Jahren den Bezirk. Ursächlich für den Wegzug war allerdings nicht diese Politik, sondern der Wunsch nach verbesserter Wohnlage. Kreuzberg war seit Ende des 19. Jahrhunderts ein Bezirk mit einer hohen Fluktuationsrate, wer es sich leisten konnte, versuchte von den Hinterhauswohnungen ins Vorderhaus oder noch lieber in andere Viertel der Stadt zu kommen. Der Weggang wurde durch die Zuzugssperre stärker spürbar. Allerdings gab es juristische Bedenken gegen diese Sperre und im Laufe der Jahre nahm die türkische Bevölkerung wieder zu. 1990 wurde die Zuzugssperre formal aufgehoben.

Berlin hatte eine Planungsgruppe zur »Eingliederung ausländischer Arbeitnehmer und ihrer Familien« eingerichtet, die 1972 ein »bedarfsorientiertes Integrationsmodell« vorlegte. Darin heißt es, dass die Zahl der ausländischen Arbeitnehmer je nach Bedarf zu begrenzen sei, als Auswahlkriterium wird »Qualität und Nationalität« genannt. Wie die »Qualität« zu prüfen sei, blieb offen. Eine Begrenzung würde auch den Interessen der ausländischen Arbeitnehmern hier entgegenkommen, denn eine höhere Anzahl von Ausländern würde »die Wirksamkeit der Eingliederungsmaßnahmen und die Versorgungsgrade sinken« lassen. Gleichzeitig sah das Modell die Familienzusammenführung als positiv an, da sie zu mehr Zufriedenheit und damit Loyalität dem deutschen Staat gegenüber führen würde. Dementsprechend wurde sie in Berlin nicht behindert.

Erste Selbstorganisation

Bereits 1962 begannen Türken sich selbst zu organisieren. In Köln entstand ein *Verein türkischer Arbeitnehmer*, dem viele weitere folgten. In Essen und Duisburg kam es zu wilden Streiks aufgrund missverstandener Lohnabrechnungen. *Anadolu,* die erste türkischsprachige Zeitschrift wurde ab 1963 von der deutschen Sektion eines *Komitee für Information und soziale Aktion* in Bonn herausgegeben; der WDR sendete ab 1964 regelmäßig Beiträge auf Türkisch.

Obwohl das Statistische Landesamt in Berlin 1962 nur 511 Türken verzeichnet, im Vergleich zu Köln, Duisburg oder Essen also eine verschwindend kleine Gruppe in dieser Stadt lebte, begannen sie sich auch hier zu organisieren. In Berlin entstand *Berlin-Türk Toplumcular Ocağı* (TTO, Türkische Sozialistengemeinschaft in Berlin), die 1968 in die *Avrupa Türk Toplumcular Federasyonu* (ATTF, Europäische Föderation Türkischer Sozialisten) aufging. Vielfach hatten deren Mitglieder einen studentischen Hintergrund. Hauptsächlich befassten sie sich mit der politischen Situation in der Türkei und wollten vom Ausland aus auf die Türkei einwirken. Sie waren diejenigen, vor denen die türkische Regierung in ihrem Leitfaden für die Arbeiter gewarnt hatte. Ironischerweise waren es oft Menschen aus diesem Kreis, welche die Wohnheime leiteten, da sie die einzigen waren, die deutsche und türkische Sprachkenntnisse besaßen. Als Wohnheimleiter konnten sie ihre sozialistischen Ansichten direkt vermitteln. Entsprechend der Entwicklung in der Türkei differenzierte sich die »linke Szene« auch in Berlin bzw. der Bundesrepublik aus, zahlreiche dieser Gruppen existieren heute nicht mehr. 1973 gründete sich die aus der linken Studentenbewegung kommende *Progressive Volkseinheit der Türkei* (HDB) in Berlin, die 1977 konstituierendes Mitglied der bis heute bestehenden *Föderation sozialdemokratischer Volksvereine der Türkei in Europa* wurde. Politisch rechte Organisationen gab es nach Angaben hoher Funktionäre seit Mitte der sechziger Jahre, deutlicher in Erscheinung traten sie allerdings erst Ende der sechziger, Anfang der siebziger Jahre. 1971 trat eine *Berliner Front freier türkischer Nationalisten- und Heiligtümervereinigung* zur Unterstützung der Militärregierung auf. 1978 kam es nach dem sozialdemokratischen Regierungswechsel in der Türkei zur Gründung der *Föderation der Türkisch-Demokratischen Idealistenvereine in Deutschland* (ADÜTDF), sie war Ableger der faschistischen Partei der Türkei, der *Partei der Nationalistischen Bewegung (*Milliyetçi Hareket Partisi, MHP, auch »Graue Wölfe« genannt) und vereinte verschiedene Untergruppierungen. Anfang der achtziger Jahre kam es verstärkt zu Auseinandersetzungen zwischen linken und rechten Gruppierungen.

Jenseits parteipolitischer Orientierung arbeitete der *Türkische Frauenverein Berlin e.V.*, der an einem Weltfrauentag, am 8. März 1975 gegründet worden war. Damals zählte Berlin 85 452 türkeistämmige Einwohner. Der in Kreuzberg ansässige Verein unterstützte Frauen bei Behördengängen, organisierte Deutsch- und Alphabetisierungskurse und bekam ab 1979 finanzielle Unterstützung vom Senat. Heute gehört er zu einem der zahlreichen Vereine, die sich um türkeistämmige Berliner und ihre Nachfahren kümmern.

Hilflose Politik – der Anwerbestopp 1973

Bis 1973 kamen 866 677 türkische Arbeitnehmer nach Deutschland. Sie hatten die italienischen »Gastarbeiter« als größte Ausländergruppe abgelöst. Knapp 79 500 von ihnen lebten in Berlin. Als man wegen der wirtschaftlichen Krise 1973 feststellte, dass keine neuen Arbeitskräfte mehr nötig waren, wurde am 23. November des Jahres ein Anwerbestopp für alle Arbeitnehmer außerhalb der EG erlassen. Dieser Entscheidung war eine langwierige Diskussion über »Rotation« oder »Integration« vorausgegangen. Die Befürworter der Rotation wollten weiterhin auf ausländische Arbeiter setzen, deren Rückkehr nach einiger Zeit aber festgeschrieben werden müsste und deren Familien auf keinen Fall das Recht haben sollten einzureisen. Damit wären die ausländischen Arbeitnehmer hinsichtlich der volkswirtschaftlichen Kosten günstiger als deutsche. Viele Unternehmen und die regierende SPD lehnten dies ab. Dass man im Grunde ein Einwanderungsland sei, erklärte sowohl die Konferenz der CDU-Sozialausschüsse 1971 wie Innenminister Hans Dietrich Genscher 1973. Doch aus dieser Einsicht ergaben sich keine Konsequenzen, d. h. es wurden weder Schritte in Richtung Einbürgerungsrecht noch politischer Teilnahme unternommen. Auch die Position der Gewerkschaft war daran orientiert, die Arbeitsplätze der deutschen Arbeitnehmer zu sichern, und sie sah diese durch das Zugeständnis, ein Einwanderungsland zu sein, gefährdet. De facto war die Politik bis zur Erneuerung des Ausländergesetzes 1991 eine Politik der versuchten Reduzierung des Ausländeranteils der Bevölkerung.

Doch die Politik hatte nicht berücksichtigt, dass hinter den Zahlen von Arbeitnehmern eigenständige Menschen steckten, die aus ihrer Situation das Beste zu machen versuchten. Max Frischs fast inflationär zitierte Anmerkung von 1964, »Man hat Arbeitskräfte gerufen, und es kamen Menschen«, verstanden langsam auch diejenigen, die in ihnen nichts als »Gastarbeiter« sahen.

Die Aussicht, dass kein Arbeitnehmer mehr in das Land kommen sollte, führte vermehrt zu dem Wunsch, die eigene Familie bei sich zu haben. Nach dem Anwerbestopp war es rechtlich nur möglich durch Heirat, Familiennachzug oder politisches Asyl nach Deutschland zu kommen. Während in den ersten drei Jahren nach Anwerbestopp die Zahl der türkischen Arbeitnehmer in Deutschland um 23 601 zurückging, stieg sie von 1978 bis 1980 um mehr als 290 000. Unter den Nachgezogenen waren nicht selten Familienmitglieder, die auch gerne arbeiten wollten. Gegen die Familienzusammenführung konnte die Bundesregierung nicht gesetzlich vorgehen, da hier europäisches Recht im Wege stand. Doch gegen den Arbeitswunsch erließ die Bundesregierung im November 1974 die sogenannte Stichtagregelung. Alle nach dem 30. November 1974 zugezogenen Ehepartner durften für vier Jahre nicht arbeiten, ab 1980 verkürzte sich die Frist auf drei Jahre. Für die in der Türkei lebenden Kinder türkischer Arbeitnehmer wurde ab dem 1. Januar 1975 das Kindergeld gekürzt, was dazu führte, dass verstärkt Kinder nachgeholt wurden. Allerdings konnten Kinder, die das 18. Lebensjahr überschritten hatten, nicht mehr so einfach einreisen, weshalb viele Eltern sie vor Ablauf dieser Frist und damit häufig auch kurz vor Beendigung der Schule nachholten, so dass diese hier ohne Schulabschluss dastanden. 1980 wurde eine Visumspflicht für Türken eingeführt.

Der geringe Rückkehrwille der türkeistämmigen »Gastarbeiter« bzw. der starke Zuwachs Ende der siebziger Jahre hing mit der politischen und wirtschaftlichen Situation in der Türkei zusammen. Nach dem Staatsstreich im März 1971 hatte es verfassungsrechtliche Änderungen gegeben, welche die demokratischen Grundrechte beschnitten. Manche der Einreisen nach Deutschland waren jetzt auch politisch motiviert. In den nächsten Jahren kam es in der Türkei zu ständig wechselnden Regierungskoalitionen mit teilweise bürgerkriegsähnlichen Zuständen. Die Zahl der politischen Morde erhöhte sich jährlich. Wirtschaftlich ging es trotz Reformen bergab, die Arbeitslosigkeit lag bei zwei Millionen Menschen. Die erhöhten Ölpreise brachten 1973 auch die Türkei in Zahlungsschwierigkeiten, in weiten Gebieten Anatoliens war die ökonomische Lage katastrophal. Bis 1980 blieb die wirtschaftliche Lage sehr instabil. Vor diesem Hintergrund ist es gut nachvollziehbar, dass insgesamt weniger Menschen zurückkehrten als kamen. Italien, Griechenland, Spanien und Portugal entwickelten sich positiver und hatten eine dementsprechend höhere Rückkehrerquote.

Der Anstieg der türkeistämmigen Bevölkerung in Deutschland führte bereits Anfang der siebziger Jahre zu Diskussionen um die grundsätzliche Ausländerpolitik des Landes. Lange Zeit war diese nur an die Arbeitsmarktpolitik geknüpft gewesen. Es gab keine Konzepte infrastruktureller, sozial- und bildungspolitischer Maßnahmen. Auch vor dem Hintergrund des Familiennachzugs und der sich damit verändernden Struktur der türkeistämmigen Bevölkerung hielt die Politik insgesamt an der Maxime fest, kein Einwanderungsland zu sein. Das Ausländergesetz von 1965 bot vielfältige Abwehrmechanismen, wie Ausweisung und Abschiebung. Mit dem Anwerbestopp für ausländische Arbeitnehmer vom 23. November 1973 begann die sogenannte Politik der »Konsolidierung«, das war die Bezeichnung für die Begrenzung der Zahl der ausländischen Arbeitnehmer bei gleichzeitiger Eingliederung der Familien und Anpassung an die Aufnahmefähigkeit der sozialen Infrastruktur. Die soziale Infrastruktur den Bedürfnissen der ausländischen Arbeitnehmer anzupassen, wie es der nordrhein-westfälische Ministerpräsident a. D. Heinz Kühn 1974 in einem Memorandum forderte, wurde abgelehnt.

»Förderung der Rückkehrfähigkeit« – verfehlte Bildungspolitik

Die schulische Situation türkischer Schüler Ende der siebziger Jahre sah ähnlich aus wie heute. 1979 waren in Berlin ein Drittel der Hauptschüler nichtdeutscher Herkunft, von denen über 70 Prozent die Schule ohne Abschluss abbrachen. Die Gründe für diese Entwicklung sind vielfältig: Wie die allgemeine Politik ging auch die Bildungspolitik davon aus, dass die »Ausländer« nicht zum Dauerbestandteil der Schulen würden. Dementsprechend wurden keine strukturellen Veränderungen vorgenommen, die zu einer erfolgreichen Eingliederung in das deutsche Bildungssystem hätten führen können. Für nichtdeutsche Kinder wurden sogenannte Vorbereitungsklassen eingerichtet, in denen sie Deutsch lernen sollten. Allerdings gab es weder passendes Lehrmaterial noch Lehrpläne noch entsprechend ausgebildete Lehrer. Was in der Theorie gut klang, funktionierte in der Praxis keineswegs. Viele der nichtdeutschen Kinder wurden in Regelklassen überführt, obwohl sie noch nicht genügend Deutsch sprachen, worauf dort aber keine Rücksicht genommen werden konnte. Muttersprachlichen Unterricht erhielten die türkeistämmigen Kinder von sogenannten Konsulatslehrern, die offiziell aus der Türkei entsandt wurden. Die GEW und andere Organisationen warfen diesen Lehrkräften allerdings vor, Spitzel der Regierung zu sein und unkritische, nationalistische Inhalte zu verbreiten. In dem Konflikt um die Konsulatslehrer spiegeln sich die Auseinandersetzungen zwischen den innertürkischen politischen Lagern wider.

Der Berliner Senat stellte außerdem türkeistämmige Lehrer ein, die aber häufig selbst nicht genügend Deutsch konnten, um in dieser Sprache zu unterrichten, und die mit den pädagogischen Methoden in Deutschland nicht vertraut waren. Gleichzeitig gab es für sie nur wenige Fortbildungsangebote. Auch deutsche Lehrer wurden nicht genügend auf die Arbeit mit nichtdeutschen Kindern vorbereitet. Zu den Mängeln auf schulischer Seite kam hinzu, dass auf Elternseite ein großes Informationsdefizit und bei manchen auch Skepsis gegenüber der deutschen Schule bestand. Ihr Bildungshintergrund war ein völlig anderer. In Berlin kam die Mehrheit der türkeistämmigen Arbeitnehmer aus ländlichen Bereichen, in denen im Gegensatz zu den Städten die seit 1931 bestehende Schulpflicht nicht so streng gehandhabt wurde. Es mangelte dort sowohl an Lehrern als auch an Schulen, zudem mussten die Kinder bei der Landarbeit helfen. Mädchen wurden teilweise gar nicht zur Schule geschickt. Während sich in den Großstädten seit der Zeit Atatürks eine weibliche Akademikerschaft herausbilden konnte (heute gibt es mehr Professorinnen, Anwältinnen und Ärztinnen in der Türkei als in Deutschland), blieb die ländliche Gesellschaft bei der traditionellen Geschlechterteilung. Noch 1970 gab es in der Türkei eine Analphabetenquote von fast 50 Prozent, davon erheblich mehr Frauen als Männer.

Auch Kinder und Jugendliche ohne deutsche Staatsangehörigkeit unterliegen in Deutschland der Schulpflicht, dennoch lag die Zahl derjenigen, die in Berlin keine Schule besuchten, 1979 bei etwa 20 Prozent. Manche Mädchen mussten zu Hause bleiben, um ihre jüngeren Geschwister zu beaufsichtigen, andere wurden aufgrund von Vorbehalten nicht in die Schule geschickt. Zudem gab es trotz offiziellem Verbot auch Kinderarbeit in Berlin. Glaubt man den heutigen Erinnerungen von Älteren, so war für viele die Bildung ihrer Kinder ein zentrales Anliegen, auch wenn sie selbst nur wenige Jahre zu Schule gegangen waren.

Deutsche und türkische Kinder wurden lange Zeit in getrennten Klassen unterrichtet.

Der schlechte Bildungshintergrund der Eltern stellte für einen Teil der türkeistämmigen Schülerschaft einen großen Nachteil dar, blieben sie doch ohne Unterstützung im sowieso schwierigen Orientierungsprozess. »Es war selbstverständlich, dass wir auf die Hauptschule kamen. Etwas anderes kannten wir auch gar nicht.«, erinnert sich ein heute Mittvierziger. Kinder mit schlechten Sprachkenntnissen kamen auch auf die Sonderschule. Manche hielten die »Sonderschule« sogar für etwas besonders Gutes. Viele der Eltern, Kinder und Jugendlichen hatten keine Informationen darüber, dass das deutsche Schulsystem ganz anders strukturiert war als das türkische. Anders als das deutsche Bildungssystem verzichtete das türkische auf die Einteilung in drei Schultypen nach dem Besuch der Grundschule, sondern war ein aufeinander aufbauendes System. Eltern schickten ihre Kinder auf die Schule, ohne zu wissen, dass es andere Zweige gab und der Besuch der Hauptschule den Weg zum Studium verbaute.

Ein großes Problem hinsichtlich der Bildungssituation war auch die unsichere Zukunftsperspektive und ungewisse Lebensplanung der Eltern. Die meisten hielten noch Ende der siebziger Jahre daran fest, irgendwann wieder in die Türkei zu gehen. Ihre Normen und Werte orientierten sich an der Heimat, was zu Konflikten mit den deutschen Schulinhalten führte. Eine als unmoralisch empfundene Erziehung in den Schulen führte dazu, dass manche ihre Kinder wieder in die Türkei zurückschickten, in der Annahme, bald selbst zu folgen. Das wiederum wurde aufgeschoben und die Kinder kamen wieder nach Berlin. Es war selbstverständlich, dass nichtdeutsche Kinder (wie Arbeiterkinder deutscher Herkunft) auf die Hauptschule kamen. Nur wer Eltern hatte, die den Lehrern gegenüber selbstbewusst auftraten, schaffte es bei guten Noten eine andere Schulform zu erreichen. Diese Haltung war bei den wenigsten Eltern anzutreffen.

Negativ auf die Bildungssituation wirkte sich die Konzentration von »Gastarbeitern« in einigen Bezirken aus, die dazu führte, dass auch in den Grundschulen das Verhältnis zwischen deutschen und türkeistämmigen Kindern kippte. So waren Ende der siebziger Jahre fast 50 Prozent der Kinder an Grundschulen in Kreuzberg nichtdeutscher Herkunft (Tiergarten 29,7 Prozent; Wedding 37,7 Prozent; Schöneberg 26,0 Prozent). Deutlich spiegelt sich hier auch das demographische Problem Berlins insbesondere seit dem Mauerbau. Viele Kriegswitwen und junge Studenten prägten die Stadt. Familien mit Kleinkindern gab es vergleichsweise wenig. Die Schulen waren auf diese Situation nicht vorbereitet, weder gab es interkulturell geschulte Lehrer noch entsprechende Rahmenpläne. Nur ein wöchentlich fünfstündiger Ergänzungsunterricht wurde eingerichtet zur »Pflege der Muttersprache und die für die Landeskunde wichtigen Inhalte.« Durch die »Förderung der Rückkehrfähigkeit« schuf man letztendlich enorme Bildungsdefizite, die den sozialen Aufstieg für viele unmöglich machten.

Kinder aus der Türkei, die bei der Einreise nach Deutschland über 14 Jahre alt waren, hatten kein Anrecht auf einen Platz an einer regulären Schule. Wenn angenommen wurde, dass sie nicht innerhalb von zwei Jahren den Hauptschulabschluss schaffen würden, konnte man sie gleich in sogenannte Eingliederungskurse stecken, die eine eigenständige Rechtsform hatten und keinen Schulabschluss darstellten. Safter Çinar, langjähriger GEW-Mitarbeiter und zeitweiliger Vorsitzender der GEW Berlin, möchte deshalb auch lieber von »Ausgliederungskursen« sprechen. Der schwerwiegenden Entscheidung über die Übersendung in einen solchen Lehrgang ging meistens keine Leistungsprüfung voraus, sondern erfolgte schlicht nach Kapazitätskriterien. Ein großes Problem gab es auch für die Jugendlichen, die das 16. Lebensjahr erreicht hatten, denn sie unterlagen nicht mehr der Schulpflicht, was bedeutete, dass keine Schule verpflichtet war, sie aufzunehmen. Sie fielen einfach durch das Bildungsraster hindurch.

Die *Bundesanstalt für Arbeit* ersann »Maßnahmen zur Berufsvorbereitung und sozialen Eingliederung« (MBSE) für ausländische Jugendliche. Da der gemeinsame Nenner der Zielgruppe nur die nicht mehr bestehende Schulpflicht in Deutschland war, setzte sich die Gruppe aus sehr heterogenen Bildungsprofilen zusammen: Hatten die einen in der Türkei das Gymnasium besucht und waren vor dem Abitur von ihren Eltern nachgeholt worden, besaßen andere nur den Abschluss der obligatorischen fünfjährigen Schule. Auf eine Binnendifferenzierung waren die MBSE nicht vorbereitet. Zudem boten sie keinen offiziell anerkannten Abschluss, 1985 stellte man sie ein.

Von Seiten der Politik wurde zwar häufig von Chancengleichheit für alle geredet, in Wirklichkeit lag im Bildungsbereich eine eindeutige Diskriminierung nichtdeutscher Kinder und Jugendlicher vor. In einer Schrift des Bundesministeriums für Forschung und Technologie heißt es 1980 verblüffend deutlich: »Die Berufsausbildung wie die Schulausbildung der ausländischen Kinder und Jugendlichen berührt das wohl dunkelste Kapitel deutscher Ausländerpolitik. Die faktischen und rechtlichen Diskriminierungen sind ungeheuer vielfältig und meist so gravierend, dass man einen ähnlichen Zustand keinem deutschen Kind zumuten würde.«

Alltag der Einwanderer

Durch den verstärkten Zuzug der Familien entstand eine mehr oder weniger normale Infrastruktur für alle möglichen Belange des Lebens. Man wartete nicht mehr auf den Urlaub in der Türkei, um dort die familiären Feste wie die Hochzeit oder Beschneidung des Sohnes zu feiern, denn der Lebensmittelpunkt lag jetzt hier. Festsäle und kleine Restaurants, Läden für Brautmoden und Bekleidungsgeschäfte für die ganze Familie entstanden ebenso wie Obst- und Gemüseläden und Lebensmittelgeschäfte.

Das religiöse Leben spielte sich in den Hinterhöfen und Seitenflügeln der Berliner Mietskasernen ab. An diesen Orten richteten Moscheevereine Gebetsräume ein. Im öffentlichen Raum kaum wahrgenommen, wiesen zumeist kleine Schilder mit »Camii« an den Vorderhäusern diskret auf sie hin. In Berlin gab es ab 1968 islamische Gemeinden. Als eine der größeren Moscheen in Berlin eröffnete 1975 die Mevlana-Moschee in einem Altbau am Kottbusser Tor. Für Moschee-Neubauten gab es weder die finanziellen Mittel noch den politischen Willen. Da die Muslime kein Zentralorgan haben, sondern sich in Moscheevereinen organisieren, ist die Geschichte der Institutionalisierung der Muslime in Berlin entsprechend komplex. Zu einer stärkeren Organisierung der einzelnen islamischen Glaubensrichtungen kam es in Berlin erst in den achtziger Jahren.

Freizeiteinrichtungen für türkeistämmige Bürger gab es nur wenige. Männer trafen sich in sogenannten »Kulturvereinen«, die der Tradition des türkischen Teehauses entsprechen. Dort spielte man vor allem das Brettspiel »Okey«, das im Westen als »Rummikub« bekannt wurde. Frauen trafen sich eher zu Hause. Das sonntägliche Picknick und Grillen war eine Möglichkeit der Freizeitgestaltung für die ganze Familie. Während die Deutschen in den Parks auf den Bänken saßen, breiteten die Türken ihre Decken auf den Grünflächen aus, die »Betreten verboten«-Schilder kümmerten sie nicht. Das habe man dann von den Türken übernommen, erinnert sich eine Deutsche. An andere deutsche Verbote musste man sich gewöhnen, was nicht immer einfach war, wie sich eine 1978 nach Berlin gekommene Frau erinnert: »Ich war mit dem Kopf immer in der Türkei, meine kleine Tochter lernte die Regeln hier und die Sprache viel schneller als ich, wenn ich beispielsweise bei Rot die Straße überqueren wollte, hielt mich meine Tochter am Rockzipfel fest und sagte: ›Halt Mama, man geht nicht bei Rot über die Straße.‹« Dass so manche »mit dem Kopf in der Türkei« waren, lag auch daran, dass sie dort ältere Kinder zurückgelassen hatten. Das Heimweh war bei vielen in den ersten Jahren sehr groß.

In den siebziger Jahren lebten Türken und Deutsche Tür an Tür. Manche erinnern sich daran, wie sie ihren deutschen Nachbarn gern ihr Selbstgekochtes brachten und dass sie ein gutes Verhältnis zueinander gehabt hätten. Aus vielen Erinnerungen wird aber auch deutlich, dass man mehrheitlich wohl eher nebeneinander als miteinander lebte und außer einem freundlichen Sich-Grüßen keine Kommunikation bestand. Wer seine deutschen Nachbarn einlud, wartete meist vergeblich auf eine Gegeneinladung. Manche Deutsche störte, dass sich die türkischen Familien in die

Innenhöfe der Mietskasernen setzten, was in Berlin nicht üblich war. In der Türkei waren die Innenhöfe traditioneller ländlicher Häuser als Erweiterung des Wohnraums Mittelpunkt gesellschaftlichen Lebens, wo man auch Besuch empfing oder Feste feierte.

Akademisches Leben

Es kamen nicht nur Arbeitssuchende, sondern seit Jahrzehnten auch Studenten nach Berlin. Bereits 1957 gab es einen kleinen *Türkischen Studentenverein in Berlin e.V.* 1962 ging er in der bundesweiten *Türkischen Studentenföderation in Deutschland* auf (Almanya Türk Öğrenci Federasyonu, ATÖF). Man befasste sich auch in diesen Gruppen hauptsächlich mit der Situation in der Türkei. In Berlin waren vor allem politisch Linke in der Studentenföderation vertreten, die sich um die politische Schulung eigener Landsleute bemühte. Vorsitzender der Berliner ATÖF war Hakkı Keskin, der seit 1967 Politikwissenschaft am Otto-Suhr-Institut der Freien Universität studierte. Er wurde ein Jahr später Bundesvorsitzender der Studentenföderation. Aufgrund seiner Aktivitäten entzog ihm die türkische Regierung trotz massiver Proteste die Staatsbürgerschaft, so dass er für Jahre nicht zurückreisen konnte. Keskin promovierte 1977 über die politisch-wirtschaftliche Lage in der Türkei. Der heutige Bundestagsabgeordnete der Linkspartei gerät nahezu ins Schwärmen, wenn er von seiner Studentenzeit erzählt. »Es war eine tolle Atmosphäre, Studenten aus aller Welt, wir haben zusammen diskutiert, jede Menge Teach-Ins, mit Dutschke und all den anderen.« Ein produktiver intellektueller Wettbewerb habe bestanden; jeder war motiviert, noch mehr zu lesen, noch besser theoretisch argumentieren zu können. »Es gab nie Anfeindungen von deutscher Seite.« Im Gegenteil, man habe sich gegenseitig geholfen. Wie selbstverständlich wurde ihm, der

Hakkı Keskin, der Studentenführer und spätere Bundestagsabgeordnete, arbeitete während seines Studiums als Hilfsarbeiter auf dem Bau.

im Studentendorf am Schlachtensee ein 9-Quadratmeter-Zimmer hatte, von Freunden eine Wohnung zur Verfügung gestellt, als sein Vater zu Besuch kam. Der geübte Ringer – Ringen ist ein populärer Sport in der Türkei – konnte es auch mit den deutschen Bauarbeitern aufnehmen, die den ausländischen Hilfsarbeiter spaßeshalber einer körperlichen Prüfung unterziehen wollten. Man muss die Sprache der verschiedenen Kreise sprechen können, sagt er heute lachend dazu. Seine akademische Karriere setzte er in den achtziger Jahren als Professor in Hamburg fort.

Von türkischen Akademikern und Akademikerinnen sowie Studierenden der Technischen Universität wurde in Berlin 1977 das *Türkische Wissenschafts- und Technologiezentrum* (Berlin Türk Bilim ve Teknoloji Merkezi) gegründet, hauptsächlich um den Technologietransfer in die Türkei zu fördern und, nach

Selbstaussage, »einen Beitrag zur demokratisch pluralistischen Entwicklung der Türkei zu leisten«. Als im Laufe der Jahre absehbar wurde, dass viele Akademiker nicht mehr in die Türkei zurückkehren würden, begann man sich verstärkt mit den Belangen der türkischen Studierenden vor Ort zu befassen.

Umgeben von Punks und Hausbesetzern

Die achtziger Jahre

Arbeitslosigkeit und Wahlkampf

»Die Türken gehören zu Berlin wie der Korn zur Molle«, meinte Harald Juhnke einmal. So mancher wird über seinen Spruch geschnaubt haben. Denn in den achtziger Jahren dominierte in der Öffentlichkeit die Diskussion über Türken als »Problemfall«. Es herrschte wirtschaftliche Katerstimmung in Deutschland. Der fortschreitende Strukturwandel von der Industrie- zur Dienstleistungsgesellschaft kostete Arbeitsplätze. 1983 erreichte die Arbeitslosigkeit über acht Prozent. Unter der türkeistämmigen Bevölkerung lag sie im Bundesdurchschnitt doppelt so hoch bei 16,7 Prozent. In Berlin lag die gesamte Arbeitslosenquote 1985 bei 10 Prozent, die der nichtdeutschen bei 13,1 Prozent.

Gleichzeitig kamen durch die von der Europäischen Sozialcharta und dem Völkerrecht legitimierten Familienzusammenführung sowie aufgrund der politischen Unruhen in der Türkei, der Kurdenverfolgung und des Militärputschs im Jahr 1980 jährlich neue Menschen ins Land; 1980 waren es etwas mehr als 200 000, soviel wie 1973 vor dem Anwerbestopp. In Berlin stieg die Zahl der türkeistämmigen Bevölkerung von 1979 bis 1990 um ein Drittel auf 133 878. Die Befürchtung, dass »die Türken« ihnen die Arbeitsplätze wegnehmen könnten, hörte man jetzt öfter von Deutschen. Es erschien ihnen als kein Widerspruch, dass diese zumeist in Bereichen arbeiteten, die von den Deutschen als wenig lukrativ und zu laut, dreckig oder gefährlich eingestuft wurden.

1979 dachte sich die Technische Universität Berlin die besondere Kennzeichnung von Bildungsausländern, d. h. Menschen mit einem nichtdeutschen Schulabschluss, aus. Ein A für Ausländer sollte vor der Matrikelnummer ihren Studentenausweis zieren. Aufgrund der Proteste des türkischen Studentenvereins BTBTM hat man diese Praxis dann doch wieder aufgegeben. Dass die ausländerfeindliche Tendenz in der krisenhaften Stimmung der Bevölkerung sich insbesondere gegen türkeistämmige Menschen richtete, lag daran, dass sie die zahlenmäßig größte Minderheitengruppe bildeten. Zudem wurden in den Medien und von Experten die wirtschaftlichen und sozialen Probleme im Land unter ethnischen und kulturellen Aspekten gesehen. So stellte der prominente Verhaltensforscher Eibl-Eibesfeld die kulturellen Differenzen zwischen Deutschen und Türken als unüberwindbar dar.

Die oppositionelle CDU und CSU machten Druck, dem Zuzug von Ausländern einen Riegel vorzuschieben. Die Bundesregierung beschloss, das Ausländergesetz zu revidieren und Maßnahmen zur Begrenzung einzuleiten. Noch im September 1980 wurde die Visumspflicht für Einreisende aus der Türkei eingeführt, was einen höchst negativen Effekt auf das deutsch-türkische Verhältnis hatte. Bei vielen Türken entstand der Eindruck, dass ihnen »die Deutschen« das Leben möglichst schwer machen wollen. Von 1978 bis 1982 stieg der Prozentsatz von Deutschen, die meinten, Ausländer sollten das Land verlassen um fast das Doppelte. Die in rechten Kreisen und besonders unter Jugendlichen beliebte Rockband die *Böhsen Onkelz* sangen öffentlich: »Türkenpack, Türkenpack, raus aus diesem Land. / Geht zurück nach Ankara, denn ihr macht mich krank.« Die Diskussion um Ausländer in Deutschland bewegte sich, zugespitzt formuliert, auf ein »entweder Deutscher werden oder raus« zu. Die Ausländerbeauftragte der Bundesrepublik, Lieselotte Funke, wehrte sich vergeblich gegen die politische Instrumentalisierung der Einbürgerungsfrage.

Hatte man zunächst arbeits- und einbürgerungsrechtliche Erleichterungen für die jungen Erwachsenen der zweiten Generation geplant, vollführte die Regierung aufgrund des Widerstands der CDU-geführten Bundesländer einen Kurswechsel. Noch im Dezember 1981 wurde der Familiennachzug dahingehend eingeschränkt, dass künftig nur noch Kinder im Alter von bis zu 16 Jahren einreisen durften. Ehepartner durften nur dann einreisen, wenn der andere mindestens acht Jahre in Deutschland lebte und beide mindestens ein Jahr verheiratet waren.

Im Wahlkampf zur Bundestagswahl 1982 wurde das »Ausländerproblem« zu einem zentralen Thema. Kanzlerkandidat Helmut Kohl versprach, die Hälfte der Ausländer in Deutschland zur »freiwilligen Rückkehr« zu bewegen, da »die Belastbarkeitsgrenze« überschritten sei. Er gewann die Wahl und in seiner ersten Regierungserklärung vom 13. Oktober 1982 hieß es: »Wir wollen eine menschliche Ausländerpolitik verwirklichen.« Stattdessen vermehrten sich während seiner Regierungszeit die ausländerfeindlichen Tendenzen, die in Brandanschlägen mit Todesopfern ihren Höhepunkt fanden. Mit der Ausländerpolitik befasste sich nun im Wesentlichen nicht mehr das Bundesarbeitsministerium, sondern das Innenministerium. Innenminister Zimmermann (CSU) formulierte deutlich seine Ziele: »Wir werden in der Ausländerpolitik die Entschlusskraft aufbringen, Lösungen vorzulegen und auch durchzusetzen, die den Interessen der deutschen Bevölkerung gerecht werden (…) ein konfliktfreies Zusammenleben wird nur möglich sein, wenn die Zahl der Ausländer bei uns begrenzt und langfristig vermindert wird, was vor allem die großen Volksgruppen (Türken) betrifft.«

Immer wieder wurde der Eindruck erweckt, als ob die »Gastarbeiter« auf Kosten des Staates in Deutschland lebten. Dabei hieß es im Ausländergesetz, dass eine Person, die den Lebensunterhalt für sich und ihre Angehörigen nicht ohne Inanspruchnahme von Sozialhilfe bestreiten konnte, ausgewiesen werden durfte. In Berlin lebten 1983 knapp 118 000 türkeistämmige Personen. In einer Umfrage unter ihnen gaben über achtzig Prozent an, ausländerfeindliche Äußerungen und Handlungen persönlich erlebt zu haben. Etwa 7 700 verließen die Stadt nach dem Rückförderungsgesetz. Dass nicht mehr von ihnen sich zu diesem Schritt entschlossen, lag im Wesentlichen an der wirtschaftlich wie politisch instabilen Situation in der Türkei.

Berliner Lummerland

In Berlin löste im Juni 1981 eine CDU-geführte Regierung die SPD/FDP-Koalition ab. Der neue Senat richtete als erstes Bundesland in der Bundesrepublik das Amt eines Ausländerbeauftragten ein, das in den folgenden 20 Jahren von Barbara John ausgefüllt wurde. Innerhalb des Senats hatte sie einen schweren Stand. Der Senator des Innern, Heinrich Lummer, tat sich mit Verbalinjurien gegen alle Nichtdeutschen hervor. Seine Publikationen mit Titeln wie *Deutschland soll deutsch bleiben* oder *Kein Einwanderungsland, kein Doppelpass, kein Bodenrecht* oder *Asyl. Ein missbrauchtes Recht* verdeutlichen bereits im Titel die Richtung seines politischen Denkens. Er verschärfte im November 1981 in Berlin, noch bevor der Bund ähnliche Maßnahmen beschloss, das Aufenthaltsrecht für Ausländer. Besonders für junge Erwachsene wurde es nun schwierig: Wer bei Erreichen der Volljährigkeit keine fünf Jahre in Deutschland gelebt hatte und weder Arbeitsstelle noch Ausbildungsplatz vorweisen konnte, musste ausreisen. Der sogenannte Lummer-Erlass löste große Proteste in der Stadt aus. Türkeistämmige und andere ausländische Demonstranten hefteten sich einen gelben Stern an die Jacke. Diese Parallelsetzung der türkischen Position zur jüdischen, der bundesrepublikanischen

Die Ausländerbeauftragte Barbara John zeichnet türkische Initiativen anlässlich des »Tages des ausländischen Mitbürgers« aus.

zur nazideutschen, wie sie auch in türkischen Tageszeitungen vorkam, war zweifellos überzogen, aber angesichts von »Türkenwitzen«, in denen Türken wie Juden diffamiert wurden, durchaus verständlich.

Ein weiteres Ereignis sorgte für Schlagzeilen: Am 17. Juni 1983, dem *Tag der deutschen Einheit,* der an den Volksaufstand 1953 in der DDR erinnerte, wollte die Franz-Josef Strauß nahestehende *Konservative Aktion* nach Kreuzberg marschieren, um »die türkischen Mitbürger« mittels türkischsprachiger Briefe zur Heimkehr aufzufordern. Zudem sollten Blumen in türkischen Nationalfarben verteilt werden. Es kam zur Demonstration gegen diese »Aktion Heimkehr« und anschließenden schweren Krawallen. 203 Personen wurden festgenommen, 46 Polizeibeamte und eine unbekannte Anzahl von Demonstranten und Passanten verletzt. Nur wenige Türken hatten an dem Protest teilgenommen; die meisten waren beim sonntäglichen Picknick auf dem Mariannenplatz von den Auseinandersetzungen überrascht worden. Die Aktionisten hatten sich übrigens nicht mehr nach Kreuzberg getraut und nur im Tiergarten einige Briefe verteilt. Fernsehjournalist und Aktionsmitglied Gerhard Löwenthal bedankte sich bei »unserem Freund Heinrich Lummer« dafür, dass sich die Berliner Polizei »in ganz hervorragender Weise für uns eingesetzt hat«. Innensenator Lummer sah sich einmal wieder berechtigt, gegen das »blindwütige Chaotentum« zu wettern.

Die achtziger Jahre in Berlin waren geprägt von dem Ausprobieren alternativer Lebensformen, von Wohngemeinschaften und Hausbesetzungen, Punk und New Wave, Demos gegen Ronald Reagan und die Stationierung der Pershing-II-Raketen. Von der Weltrevolution wie in den 60ern sprach kaum einer mehr. Statt um Gesellschaftstheorie ging es jetzt um die konkrete Praxis. Die deutschen 68er hatten sich thematisch wenig mit den »Gastarbeitern« befasst, nur türkeistämmige Studenten bemühten sich um ihre Politisierung. Fünfzehn Jahre später war das nicht viel anders. Die »linke Szene« hatte insgesamt betrachtet wenig Kontakt zu ihren türkischen Nachbarn. Teilweise wurde ihnen von den Hausbesetzern vorgeworfen, sich von Hauseigentümern ausnutzen zu lassen. Denn sie waren die Zwischennutzer in den halb verfallenen Häusern, die zum Abriss bereitstanden. Und eine Art lebende Schutzschilde gegen Hausbesetzungen. Im Sanierungsgebiet Kottbusser Tor / Oranienstraße lebten Anfang der achtziger Jahre sämtliche türkischen Haushalte ohne Sammelheizung, 89 Prozent besaßen kein Warmwasser, 84 Prozent hatten kein Bad oder keine Dusche und 73 Prozent keine Innentoilette. In anderen Wohngebieten sah es nur wenig besser aus. Zudem zahlten türkische Familien häufig einen überhöhten Mietpreis. Da es für

Ausländer keineswegs einfach war, überhaupt eine Wohnung zu bekommen, waren sie wenig erpicht darauf, gegen ihre Vermieter zu klagen. Die politisierten deutschen Studenten, die das Gros der Hausbesetzer stellten, konnten diese unkämpferische Haltung vielfach nicht nachvollziehen.

Selbstverständlich gab es Ausnahmen. Zu den wichtigen türkischen Persönlichkeiten der Stadt, die sich schon früh politisch engagierten, gehörte Riza Baran. Als junger Bauingenieur kam er Anfang der siebziger Jahre nach Berlin, wo er »gleich an der Mauer« in Kreuzberg eine Wohnung mit Außentoilette fand. Die Häuser und Wohnungen waren in einem schlechten Zustand; »es sah sehr jämmerlich aus«, erinnert er sich heute. Baran engagierte sich in Gruppen, die gegen die beginnende Kahlschlagsanierung protestierten und dagegen Strategien entwickelten. 1978 war er bei der Gründung der Alternativen Liste dabei und stieg später, nach seiner Einbürgerung, aktiv in die Parteipolitik ein. Baran gehört zu den politischen Flüchtlingen, die um 1980 die akademische Szene in Berlin stark anwachsen ließen.

Daneben existierte natürlich weiterhin die Arbeiterschaft, die die Mehrheit der türkeistämmigen Bevölkerung bildete. Diese hat der Politologe Hans-Günter Kleff, der selbst an verschiedenen Kreuzberger Initiativen beteiligt war, im Blick, wenn er selbstkritisch urteilt: »Man agierte eher für die als mit der türkischen Bevölkerung.« Dennoch sieht er das Engagement insgesamt positiv: »Gleichwohl hat die überwiegend aus bäuerlichen Schichten stammende, durch ihre eigenen Politgruppen bis dahin nur wenig unterstützte und somit in den achtziger Jahren noch weitgehend hilflose türkische Bevölkerung Kreuzbergs durch die behutsame Stadterneuerung enorm profitiert. Denn nicht nur die schulische und sonstige Infrastruktur wurde speziell für ihre Bedürfnisse ausgebaut, es wurden jede Menge Beratungsläden, Schülerläden usw. eingerichtet, in denen mehr und mehr türkische Mitarbeiter arbeiteten und – das soll nicht verschwiegen werden – jede Menge Konflikte mit ihren deutschen Kollegen austrugen.«

Die türkischen Selbsthilfevereine und akademisch ausgebildeten Berater nahmen die Hilfsbereitschaft »ähnlich denkender« Deutscher häufig als Bevormundung wahr. So erinnert sich eine türkische Sozialarbeiterin daran, wie ihre deutschen Kolleginnen nach ihren festen Vorstellungen und Werten agierten, die mit denen der Betroffenen nicht in Einklang standen. Zusammen mit anderen türkischen Frauen und einigen Kindern hatte sie 1981 ein Haus in Kreuzberg besetzt, in dem kurz darauf die deutschen Freunde und Freundinnen das Kommando übernahmen. Ein Reporter überredete sie dazu, für Fotos ein Kopftuch aufzusetzen und damit dem Klischee der türkischen Frau zu entsprechen.

Dass türkische Frauen ein Haus besetzten, stellte die Ausnahme dar. Sicherlich gab es Sympathisanten der Hausbesetzungen, sie blieben jedoch inaktiv, um ihr Aufenthaltsrecht nicht zu gefährden. Der »normale« türkische Bürger hatte mit der Hausbesetzerszene nichts zu tun und sowieso keine Zeit für wöchentliche Sitzungen, für »Kiezpalaver« und Grundsatzdiskussionen.

Es gab mehrheitlich wenig Kontakt miteinander, von beiden Seiten. Den aus Westdeutschland zugereisten Provinzflüchtlingen war das türkeistämmige Kreuzberg eher exotische Kulisse für die Realisierung eines alternativen Lebens als ein bewusst wahrgenommener Teil ihrer Nachbarschaft. Die wenigsten interessierten sich für die Lebens- und Arbeitsbedingungen ihrer Nachbarn. Umgekehrt hatten die meisten Türken andere Sorgen, als sich um die Punks, um die Sponti- und Anarchoszene zu kümmern. So wenig sie miteinander zu tun hatten, eins war ihnen gemeinsam. Beide Gruppen waren das Hassobjekt von Heinrich Lummer. Der Innensenator polemisierte ebenso vehement gegen »die Ausländer« wie gegen die »kriminellen Fluchtburgen«, wie er die besetzten Häuser nannte.

Sündenbock Asylbewerber

Am 30. August 1983 sprang der 23-jährige Kurde Cemal Kemal Altun aus dem sechsten Stock des Berliner Verwaltungsgerichts in den Tod. Er hatte keine Hoffnung mehr gesehen, dass Deutschland ihm politisches Asyl gewähren würde. Zwei Jahre zuvor war er vor der türkischen Militärregierung nach Berlin geflüchtet, die ihn beschuldigte, an einem Attentat auf einen Führer der »Grauen Wölfe« beteiligt gewesen zu sein und seine Auslieferung verlangte. Aufgrund von internationalen Protesten wurde er nicht sofort abgeschoben, sondern verblieb für mehrere Monate in Auslieferungshaft. Im Juni 1983 erhielt er schließlich seine Anerkennung als Asylberechtigter, gegen das der Bundesbeauftragte für Asylangelegenheiten jedoch Beschwerde einlegte. Es kam zur erneuten Verhandlung und dem bekannten Ende. Kemal Cemal Altun hatte den Druck nicht mehr ausgehalten. Günther Wallraff widmete Altun seinen Erfahrungsbericht als »Gastarbeiter Ali Levent Sinirlioğlu«, der 1985 unter dem Titel »Ganz unten« erschien. In Berlin kam es nach dem Tod Altuns zum ersten Kirchenasyl Deutschlands in der Kirche Zum Heiligen Kreuz.

Wie Altun beantragte eine Reihe von Regimegegnern politisches Asyl in Berlin und anderen deutschen Städten, viele von ihnen waren kurdische Oppositionelle. Einige Kurden waren bereits in den fünfziger Jahren von Syrien oder dem Irak nach Ost-Berlin gekommen, um dort als Stipendiaten der DDR zu studieren, andere waren weiter nach West-Berlin gereist. Die kurdische Bewegung erhielt in Deutschland allerdings erst in den neunziger Jahren größere Aufmerksamkeit, als die Bundesrepublik die türkische Minderheitenpolitik kritisierte. Etwa 60 000 türkeistämmige Asylbewerber kamen kurz vor und nach dem Militärputsch 1980 in die Bundesrepublik Deutschland. Wie viele von ihnen Kurden waren, ist unbekannt.

Da nicht alle Anträge politisch, sondern so manche auch wirtschaftlich motiviert waren, sei es, so der Berliner Islamwissenschaftler Ralph Ghadban, für die Politik einfach gewesen, gestützt auf die niedrigen Anerkennungsquoten, die »Flüchtlinge zu diffamieren und zu kriminalisieren und beide Problematiken, die der Ausländer und die der Flüchtlinge, zu vermischen.« Anfang der achtziger Jahre wurde in der öffentlichen Diskussion der Ausländer oftmals zum Asylanten oder gar zum »Scheinasylanten« gemacht.

Wenige Monate vor Altuns Tod warnte die damalige Ausländerbeauftragte der Bundesregierung Lieselotte Funcke: »In hohem Maße verunsichert aber sind die hier lebenden Ausländer durch ausländerfeindliche Parolen und Aktionen einerseits, aber auch nicht weniger durch täglich neue Vorschläge von Politikern, die eine Zurückdrängung, Begrenzung oder Abschiebung zum Ziele haben. Es ist zu beobachten, dass extremistische Gruppen von Deutschen und Ausländern versuchen, diese Ängste und Unsicherheiten politisch in ihrem Sinne zu nutzen.«

Kampf am Kottbusser Tor

Die von Funcke angedeuteten Aktivitäten extremistischer Gruppen bezogen sich auch auf die *Milliyetçi Hareket Partisi* (Nationalistische Bewegungspartei), die unter dem Namen »Graue Wölfe« bereits seit den siebziger Jahren aktiv war. Daneben gab es aber auch sozialistische Gruppierungen. Inwieweit die zunehmende Ausländerfeindlichkeit in Deutschland beiden Lagern neue Mitglieder bescherte, ist unklar. Auf jeden Fall beeinflussten die politischen Ereignisse in der Türkei auch die Fraktionen im Ausland: Seit 1977 führten die Auseinandersetzungen zu Mordanschlägen und massiver Verfolgung linksorientierter Gruppierungen in der Türkei. Nach dem Militärputsch 1980 wurde zudem die türkische Gewerkschaftsbewegung zerschlagen. Die politischen Flügelkämpfe blieben nicht ohne Wirkung auf Deutschland. Da die Gründung von Parteien hier verboten war, hatten sich die Gruppierungen unter dem Deckmantel von Vereinigungen organisiert.

Am 5. Januar 1980 kam es zu einem tragischen Ereignis: Der *Türkische Demokratische Arbeiterverein* in Kreuzberg und das *Türkenzentrum* in Neukölln, beide verdeckt arbeitende Organisationen der Kommunistischen Partei der Türkei, wollten mit Flugblättern gegen die Gefahr eines Militärputsches in der Türkei aufmerksam machen. »Graue Wölfe«, Anhänger der konservativen Gerechtigkeitspartei und *Milli Görüş* protestierten am selben Tag und Ort gegen den Einmarsch der Sowjetunion in Afghanistan, der von den linken Gruppierungen wiederum gutgeheißen wurde. Beim Zusammenstoß beider Gruppen am Kottbusser Tor wurde der Berufsschullehrer und Gewerkschafter Celalettin Kesim durch einen Messerstich in den Oberschenkel so stark verletzt, dass er noch vor Eintreffen des Notarztes verblutete. Die Angreifer sollen Unterstützung aus der nahe gelegenen Mevlana-Moschee erhalten haben. Der Moscheeverein verurteilte zwar in einer Stellungnahme die Tötung Kesims. Doch er geriet immer wieder in die Schlagzeilen wegen *Milli Görüş*. Der Mitbegründer und Imam der Mevlana-Moschee wurde 2004 wegen Gewaltverherrlichung angeklagt und verließ nach gerichtlichen Auseinandersetzungen Berlin.

In Zusammenarbeit mit einer Initiative der Heinrich-Zille-Grundschule entwarf der Bildhauer Hanefi Yeter am Kottbusser Tor eine Gedenkstele für Celalettin Kesim, der sein Leben in Berlin 1973 als Dreher bei Borsig begonnen hatte. Nur eine Person wurde später zu vier Jahren Haft verurteilt wegen »Landfriedensbruchs und Beteiligung an einer Schlägerei«.

Politische Teilnahme

Neben Gruppierungen, die den politischen Kampf in der Türkei nach Berlin trugen, bildeten sich zunehmend Organisationen, die für die Interessen der türkischen Einwohner hierzulande eintraten. Angesichts der wachsenden Ausländerfindlichkeit wie auch der Tatsache, dass viele längerfristig im Land bleiben würden, war man darum bemüht, eine von deutschen Wohlfahrtsverbänden unabhängige Selbsthilfe zu organisieren. 1980 gründete sich in Berlin der *Initiativkreis Gleichberechtigung Integration* (IGI), dem auch türkeistämmige Gewerkschafter, Journalisten und Lehrer angehörten. Zudem gründeten in der türkeistämmigen Bevölkerung verschiedene Berufsstände eigene Interessenvertretungen, zum Beispiel 1983 die *Berliner Gesellschaft Türkischer Mediziner e.V.* Größere Dachverbände entstanden im gleichen Jahr mit dem *Türkischen Bund*, dessen Mitglieder teilweise von der Gewerkschaftsarbeit kamen, und der als konservativ geltenden *Türkischen Gemeinde zu Berlin*. Beide richteten ihren Sitz im Neuen Kreuzberger Zentrum am Kottbusser Tor ein. Sie verstanden sich als Beratungsstelle für türkeistämmige Bürger und als deren Interessensvertreter gegenüber der deutschen Seite, etwa indem sie ein kommunales Wahlrecht für Ausländer oder die doppelte Staatsbürgerschaft forderten.

Im Jahr 1987 zog mit Sevim Çelibi-Gottschlich (Alternative Liste) die erste türkischstämmige Abgeordnete in ein deutsches Parlament ein. Die 34-jährige hatte harte Anfangsjahre in Deutschland hinter sich. Von 1970 bis 1975 hatte sie für 2,20 DM die Stunde bei Siemens gearbeitet, nebenbei Deutsch gepaukt, anschließend ihr Abitur an der Abendschule gemacht und dann Sozialarbeit studiert. Im Berliner Abgeordnetenhaus brachte sie den Antrag zum Wahlrecht für Ausländer ein. Dabei nahm sie kein Blatt vor den Mund: Die Zeit der »Bevormundung von

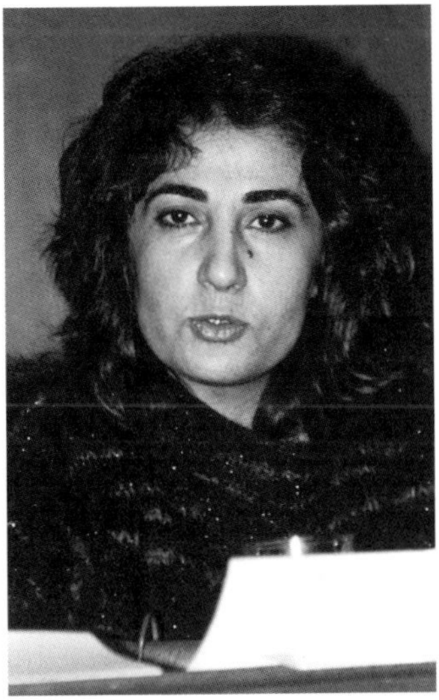

Sevim Çelibi-Gottschlich war die erste türkeistämmige Abgeordnete im Berliner Parlament.

oben« sei vorbei, Deutschland solle endlich akzeptieren, dass es ein Einwanderungsland sei. Zumindest die SPD rang sich innerhalb ihrer Fraktion mit knapper Mehrheit durch, einem kommunalen Wahlrecht für Ausländer, die seit fünf Jahren in Deutschland lebten, zuzustimmen. Der Streit um das Wahlrecht endete damit, dass sich nichts änderte. Für Çelibi-Gottschlich war dies nicht weiter verwunderlich angesichts der Mehrheitsverhältnisse im Abgeordnetenhaus. Stärker getroffen hat sie das innerparteiliche Kompetenzgerangel in der Ausländerpolitik, »Deutschländerpolitik«, wie sie diese nannte, denn die Deutschen hätten Nichtdeutsche auf ihre Rolle als Opfer reduziert. Wer von den »Ausländern« Entscheidungsbefugnis verlangte, sei ignoriert bzw. isoliert worden. Viel Gegenwind aus den eigenen Reihen hat sie hinnehmen müssen. Nachdem sie ihren Abgeordnetenposten dem Rotationsprinzip entsprechend nach zwei Jahren abgegeben hatte, verließ sie die Alternative Liste. Ausländerpolitik hieß in ihren Augen nun erst einmal wieder Politik von Deutschen für Nichtdeutsche ohne deren Einbezug.

Leben in der geteilten Stadt

Mitte der achtziger Jahre hatte sich eine breit gefächerte türkische Infrastruktur herausgebildet. Rechtlich war es für Nichtdeutsche unmöglich, einen Gewerbeschein zu erhalten oder einen Handwerksbetrieb zu eröffnen. Oft wurde diese Regelung umgangen, indem ein Deutscher gegen Geldzahlung als Strohmann fungierte, was natürlich nicht ohne Risiko war, da der Deutsche rechtlich als Inhaber und der Türke als Angestellter geführt wurde. Neben Obst- und Gemüseläden, Schneidereien, Festsälen und Imbissstuben entstanden auch Buchhandlungen, Druckereien, Reisebüros und Banken.

Eine Institution musste allerdings 1983 schon wieder ihre Türen schließen: das erste, von Zuhal Özver um 1974 gegründete türkischsprachige Kino in der Dresdner Straße, heute ist dort das Kino Babylon. Es gab immer zwei Filmvorführungen, dazwischen eine Pause, die genutzt wurde, um türkische Importwaren wie Süßigkeiten und Knabbereien anzubieten. Ganze Familien kamen, die Leute klatschten und tratschten während der Vorführungen, wie sich Özver erinnert. Man musste öfter zur Ruhe ermahnen, massiv gestört habe sich aber keiner gefühlt. Gezeigt hat sie alles, was sie bekommen konnte: politische Filme von Yilmaz Güney, Komödien, aber auch Dramen kitschiger Art, die dem Plot »armes Dorfmädchen verliebt sich in reichen Stadtmenschen« folgten. Die im Foyer angebrachten Fototapeten von Istanbul und dem Bosporus seien eine Attraktion gewesen, wie ein Stück Heimat in der Fremde.

Zuhal Özver (Mitte) betrieb das erste türkische Kino Berlins in der Dresdner Straße.

Mitte der achtziger Jahre besuchten von den knapp 11 000 Schülern mit einem türkeistämmigen Hintergrund siebzig Prozent eine Haupt-, Gesamt- oder Sonderschule, nur knapp 1 400 waren auf einem Gymnasium. Noch immer wurden nichtdeutsche Kinder von Lehrern fast automatisch auf die Haupt- oder sogar Sonderschule geschickt. Fehlende Deutschkenntnisse galten als zentrales Problem in der Schulausbildung. Sprachpädagogen hatten inzwischen festgestellt, dass ohne eine gezielte Förderung der Erstsprache auch der Spracherwerb einer zweiten Sprache nicht gut funktioniert. Erst nachdem die Begriffsbildung und Abstraktionsfähigkeit in einer Sprache gefestigt sind, kann eine zweite erfolgreich erlernt werden. Die gängige Denkweise, das Sprechen in der türkischen Muttersprache behindere das Erlernen des Deutschen, ist somit völlig falsch. Türkeistämmige Eltern verfassten 1983 ein *Memorandum zum muttersprachlichen*

Unterricht, in dem sie für Türkisch-Unterricht an Grundschulen plädierten. Zu Konsequenzen im Schulsystem führte dies vorerst nicht.

Stattdessen führte man eine Quotenregelung ein, um die Proportionen zwischen deutschen und nichtdeutschen Muttersprachlern in den Klassen zu verbessern. Für Kinder, die kein Deutsch sprachen, wurden reine Ausländerregelklassen gebildet. Man stellte aber zunehmend fest, dass rein türkische Klassen schwache Lernfortschritte im Deutschen zeigten und unerwünschte Isolation hervorriefen. Deshalb entwickelte man die zweisprachige Alphabetisierung und Erziehung (abgekürzt Zwerz) in Regelklassen mit deutschen und türkischen Kindern, ein Modell, das bis heute angeboten wird. Allerdings gab es keinen Rechtsanspruch darauf und an vielen Schulen fehlte entsprechendes Lehrpersonal. Ausländerregelklassen bestanden trotz zunehmender Kritik bis 1996 fort.

60 Eltern gründeten mit Unterstützung des Arbeitskreises *Neue Erziehung* 1985 einen türkischen Elternverein. Zunächst rein ehrenamtlich, dann mit Teilfinanzierung durch den Senat, begann man mit der Beratungstätigkeit für Eltern und Schüler. Da viele türkeistämmige Eltern aufgrund mangelnder Sprach- und Schulkenntnisse ihre Kinder nicht unterstützen konnten, übernahm der Verein auch Hausaufgabenhilfe. Doch diese und viele ähnliche Initiativen nützten wenig, weil in der Berliner Bildungspolitik häufig der Wille fehlte, auf die Bildungsbedürfnisse nichtdeutscher Kinder zu reagieren.

Viele türkeistämmige Bewohner von Kreuzberg oder Wedding lebten im Schatten der Mauer, oftmals da, wo kein anderer mehr wohnen wollte. Einige Gartenliebhaber machten den Streifen vor der Mauer zu ihrem Gemüsegarten, geduldet von Ost-Berlin, zu dem das Gelände gehörte. So baute man Zucchini und Zwiebeln unter den Augen der DDR-Grenztruppen an. Auch die Spree war

Für viele Berliner verlief die Mauer genau vor ihrer Haustür, wie hier in Neukölln.

östliches Hoheitsgebiet. Dieser Umstand wurde einigen Berliner Kindern zum tödlichen Verhängnis. Zu ihnen gehörte Cetin Mert. An seinem fünften Geburtstag, am 11. Mai 1975, fiel dem kleinen Jungen beim Spiel mit Freunden der Ball ins Wasser. Beim Versuch ihn mit einem Stock herauszufischen, stürzte er in den Fluss und ertrank. Die West-Berliner Feuerwehr konnte ihn nicht retten, weil sie die Spree nicht betreten durfte, die Ost-Berliner Rettungskräfte kamen zu spät. Am Kreuzberger Groebenufer kam es daraufhin zu einer Demonstration mit rund 2000 überwiegend türkischen Teilnehmern gegen die Mauer.

Radikale Veränderungen

Vom Mauerfall bis ins neue Jahrtausend

Radikalisierung mit tödlichen Folgen

Da sich mit der Wiedervereinigung 1990 auch der Status von West-Berlin änderte und für die hohe Subventionierung der dortigen Wirtschaft nun keine politische Mehrheit zu finden war, setzte ein massiver Abbau von Arbeitsplätzen auch auf der westlichen Seite der Stadt ein. Besonders betroffen war davon der industrielle Sektor, in dem sehr viele Türken arbeiteten. Hatte es 1990 im Westen der Stadt noch einen Anstieg an Arbeitsplätzen gegeben, wurden im Laufe der Jahre etwa ein Drittel der etwa 130 000 Türken arbeitslos.

Noch bevor dieses Problem jedoch sichtbar wurde, hatte eine erneute Welle von Anfeindungen eingesetzt, die sich nicht mehr gegen die »Gastarbeiter«, sondern gegen die Asylbewerber richtete. Insbesondere die Republikaner polemisierten gegen »Überfremdung« und zogen im Januar 1989 mit 7,5 Prozent ins Abgeordnetenhaus ein. Die zunehmend aggressive Stimmung gipfelte zuletzt in offener Gewalt. In Rostock attackierten im August 1992 Rechtsradikale unter den Augen der Anwohner drei Tage lang die *Zentrale Anlaufstelle für Asylbewerber* und steckten ein benachbartes Haus, in dem viele Vietnamesen lebten, in Brand. Ähnliches wiederholte sich in Hoyerswerda. Dass nicht nur Asylbewerber von der ausländerfeindlichen Stimmung betroffen waren, sondern auch die türkischen Einwohner Deutschlands, zeigte der Brandanschlag im November 1992 auf zwei von türkischen Familien bewohnte Häuser in Mölln. Zwei Mädchen und ihre Großmutter starben. Am 29. Mai 1993 kam es in Solingen zu einem weiteren Brandanschlag, dem fünf Menschen zum Opfer fielen.

In Berlin führte die ausländerfeindliche Stimmung 1991 zum Tod von Mete Ekşi. Der 19-jährige war am 13. November des Jahres mit einem Baseball-Schläger beim Schlichten einer Auseinandersetzung zwischen Jugendlichen tödlich verletzt worden. Er war ehrenamtlich bei der Hausaufgabenhilfe des *Türkischen Elternvereins* tätig gewesen. Nach seinem Tod wurde der Mete-Ekşi-Fonds eingerichtet, der von der *GEW Berlin* und dem *Türkischen Elternverein* getragen wird und jährlich einen mit 3000 Euro dotierten Preis an Initiativen von Jugendlichen vergibt, die sich für ein friedliches Zusammenleben engagieren.

Großes Aufsehen erregte 2005 ein Gewaltverbrechen mit einem gänzlich anderen Hintergrund. Am 7. Februar war die 23-jährige Türkin Hatun Sürücü, die mit ihrem damals sechsjährigen Sohn getrennt vom Vater lebte, in der Nähe ihrer Wohnung in Tempelhof erschossen worden. Als Täter wurde ihr jüngster Bruder verurteilt, ihre älteren Brüder wurden freigesprochen. Diese als »Ehrenmord« eingestufte Tat hat entgegen einer weit verbreiteten Annahme nichts mit Religion, sondern mit einem traditionellen Denken in ländlichen Regionen zu tun, wo die Familie als Einheit auf ihren Status innerhalb der dörflichen Gemeinschaft zu achten hat. In diesem Konzept ist kein Platz für das Individuum. Die Frau, deren jungfräulicher Körper die Ehre symbolisiert, muss den heiraten, der für sie vorgesehen ist, ein männliches Familienmitglied muss bei Ehrverletzung töten, ob er will oder nicht. Warum passiert dies aber in der modernen deutschen Großstadt? Nach dem Soziologen Schiffauer liegt es daran, dass junge Männer diesen Ehrbegriff von der Familie auf ihre kleine Gruppe von Freunden, zu denen auch oft die Brüder zählen, übertragen, weshalb diese Gruppe bei vermeintlicher Ehrverletzung andere angreift, woraus sich leicht brutale Gewalttätigkeiten ergeben. Frauen werden in die Kategorien »Hure« und »anständiges Familienmädchen« geteilt. Wenn die eigene Schwester nicht mehr letzterem entspricht, wird gestraft, notfalls mit dem Tod. Deshalb gab es nach dem Tod von Hatun Sürücü auch Zustimmung seitens männlicher Jugendlicher. Für die meisten der türkeistämmigen Minderheit in Deutschland sind diese Vorkommnisse aber ebenso erschreckend und weit entfernt von ihrer Lebenswirklichkeit wie für die deutsche Mehrheit.

Das Ende der Geduld

Als eine Antwort auf die Anschläge in Mölln und Solingen, aber auch auf die darüber hinausgehenden täglichen Diskriminierungen verstand sich eine Publikation, die der Politikwissenschaftler Claus Leggewie und der in Berlin lebende Schriftsteller Zafer Şenocak 1993 gemeinsam auf Deutsch und Türkisch herausgaben. In ihrem Vorwort heißt es, dass die Geduld zu Ende sei und dass aus dem Ende der Geduld ein politischer Anfang werden müsse. Şenocak forderte endlich anzuerkennen, dass es in Deutschland nationale Minderheiten gebe und die Türken eine davon seien. Und nur der Staat, der seinen Minderheiten politische Gleichberechtigung und kulturelle Rechte garantiere, sei demokratisch. Die Forderung nach doppelter Staatsbürgerschaft mit dem Argument abzulehnen, man könne nicht Diener zweier Herren sein, zeuge von einem »archaischen« Verständnis davon, wie sich das Verhältnis von Staat und Bürger gestalte. Nicht der Bürger habe dem Staat, sondern der Staat habe dem Bürger zu dienen. Şenocaks Stimme verhallte wie viele andere ungehört. Immer noch herrschte in Deutschland die Ansicht vor, dass die türkeistämmigen Menschen bald zu verabschiedende Gäste seien.

Gleichzeitig waren auf Wunsch der Wirtschaft während der gesamten neunziger Jahre jährlich etwa eine Million »Gastarbeiter«, vorwiegend als Saisonkräfte oder auf Werkvertragsbasis, ins Land gekommen, weil sich keine Deutschen oder Arbeiter aus EU-Ländern, die gesetzliches Vorrecht haben, zur Verfügung stellten. Sie arbeiteten vorwiegend in den Billiglohnsektoren. Medial war von ihnen wenig zu hören. Wenn es um »Ausländer« ging, dann um »die Asylbewerber«, und seit 2001 um »die Islamisten«.

Am 1. Januar 2000 trat das neue Staatsbürgerschaftsrecht in Kraft. Bis dahin galt in Deutschland vorwiegend das Abstammungsprinzip, nach dem nur deutsch ist, wer deutsche Eltern hat. Nun können Kinder, von denen ein Elternteil mindestens acht Jahre dauerhaft in Deutschland lebt, die doppelte Staatsbürgerschaft erhalten. Bis zum 23. Lebensjahr müssen sie sich allerdings für eine von beiden entscheiden. Jedoch nur wer ein eigenes Einkommen nachweisen kann, erhält das Recht auf Einbürgerung, was angesichts der hohen Jugendarbeitslosigkeit in Berlin für viele schwer sein dürfte. Gleichzeitig begann eine Diskussion über ein neues Gesetz, das alle Belange des Aufenthalts von Nichtdeutschen in Deutschland umfassen sollte.

2005 trat das »Gesetz zur Steuerung und Begrenzung und zur Regelung des Aufenthalts und der Integration von Unionsbürgern und Ausländern« in Kraft. Neben der Reduzierung der Aufenthaltstitel auf zwei (befristete Aufenthaltsgenehmigung und unbefristete Niederlassungserlaubnis) sind »Begrenzung« und »Integration« die wesentlichen Inhalte des neuen, sogenannten Zuwanderungsgesetzes. Die Begrenzung wird hauptsächlich durch eine Pflicht zum Nachweis von wirtschaftlicher Unabhängigkeit und deutschen Sprachkenntnissen durchgesetzt. Daneben führte man einen »Integrationskurs« ein, der »an die Sprache, die Rechtsordnung, die Kultur und die Geschichte in Deutschland heranführen« soll.

Neue Wege in der Bildung

Seit mindestens 20 Jahren ist bekannt, dass die Bildungschancen von Kindern mit Migrationshintergrund in Deutschland sehr schlecht sind. Es gab und gibt viele Initiativen, dem entgegenzuwirken. Dennoch: Die Zahl der Schulabbrecher ist nach wie vor hoch. In Berlin haben knapp ein Viertel der türkisch-deutschen Jugendlichen keinen Schulabschluss, jeweils 30 Prozent einen Haupt- oder Realschulabschluss. Nur 15 Prozent, und das ist die Hälfte im Vergleich zur Gesamtzahl an Schülern, machten 2005 das Abitur. Der Migrantenanteil in den Ausbildungsberufen ist zwischen 1995 und 2005 um die Hälfte auf 4,1 Prozent gesunken. Nach dem Anfang 2009 vom Berlin-Institut für Bevölkerung und Entwicklung vorgelegten Integrationsbericht schneidet die türkischstämmige Bevölkerung Deutschlands im Vergleich zu anderen Minderheiten im Bildungsbereich besonders schlecht ab. Und selbst wer es geschafft hat, eine Ausbildung oder sogar ein Studium zu absolvieren, hat weniger Chancen auf dem Arbeitsmarkt als sein deutsches Pendant. Allerdings berücksichtigen diese Zahlen nicht die eingebürgerten Menschen. Wie ein Mikrozensus 2005 feststellte, sind sie wesentlich weniger von Arbeitslosigkeit betroffen und wesentlich besser ausgebildet als die nichteingebürgerten Erwachsenen.

Angesichts der Zielsetzung des Zuwanderungsgesetzes haben inzwischen die Alarmglocken in jeder Amtstube geschrillt: Konferenzen, Debatten, Initiativen, Projekte auf allen politischen und administrativen Ebenen bemühen sich um Konzepte für eine bessere Zukunft. Auf Bildungsebene bemüht man sich verstärkt um eine frühe Sprachförderung. Dennoch fehlt es an vielen Stellen nach wie vor an Geld.

»Ich will, dass meine Kinder zu konstruktiven und schöpferischen Menschen erzogen werden, die mit kritischem Blick auf die Welt, die Menschen und die Ereignisse schauen.« Dieses pädagogische Credo des türkischen Schriftstellers Aziz Nesin steht im Schulprogramm der ersten Deutsch-Türkischen Europaschule in Berlin an oberster Stelle. Die Aziz-Nesin-Grundschule ist 1996 von einer deutsch-türkischen Elterninitiative gegründet worden. Was für Griechisch, Portugiesisch oder Italienisch als selbstverständlich angesehen wurde, stieß im Falle des Türkischen auf massive behördliche Bedenken und Ablehnung. Heute hat die Schule etwa 400 Schüler türkischer wie deutscher Muttersprache. Hier ist ein schulisches Modell entwickelt worden, das das Türkische als eine Bereicherung und nicht als Mangel an sprachlicher Kompetenz versteht. Neben der Aziz-Nesin-Grundschule gibt es noch einige andere Grundschulen, die in gewissem Umfang zweisprachige Erziehung anbieten. An verschiedenen Gesamtschulen und einem Gymnasium wird Türkisch als zweite Fremdsprache gelehrt.

Noch muss man sich mit den Fehlern der vergangenen Bildungspolitik herumschlagen. Projekte, die sich mit der beruflichen Eingliederung junger Migranten befassen, gibt es viele. Problematisch ist für sie, dass die Förderpraxis rein an schnellen statistischen Erfolgszahlen orientiert ist und nicht die notwendige Zeit für Aufbau und Konsolidierung berücksichtigt, und dass Finanzzusagen häufig sehr kurzfristig erfolgen.

Einen festen Platz im Bereich der Ausbildungsförderung und Umschulungsmaßnahmen nimmt das BildungsWerk in Kreuzberg ein, das für fast 700 Jugendliche und Erwachsene Lehrgänge anbietet. Der etwa 100 Mitarbeiter und Mitarbeiterinnen umfassende Betrieb wird von Nihat Sorgeç geleitet. Der Maschinenbauingenieur kennt die Schwierigkeiten des deutschen Bildungssystems. Er hat sich, wie er selbst sagt, trotz Schule durchgeboxt. Ohne seinen extremen Willen und die private Unterstützung von zwei Lehrern hätte er es nie so weit geschafft.

So wie die Gleichstellung zwischen Mann und Frau ist heute die Gleichstellung von Menschen deutscher und türkischer Herkunft zum Thema geworden. Das Ziel ist dabei die gesellschaftliche Anerkennung ethnischer Unterschiede. Wie die Gleichstellung konkret aussehen kann, ist noch unklar. Der demographische Wandel macht eins aber deutlich: Die sinkende Zahl junger Menschen wird für die Nichtdeutschen unter ihnen bedeuten, eine stärkere Rolle auf dem Arbeitsmarkt zu spielen. Unternehmen müssen sich langfristig auf ethnische Unterschiede in ihrer Belegschaft einstellen. Bildungschancen für Nichtdeutsche zu verbessern, ist keine milde Gabe, sondern hat auch wirtschaftliche Vorteile, für den Binnen- wie für den Außenmarkt. Die wirtschaftlichen Beziehungen zwischen Deutschland und der Türkei werden sich langfristig intensivieren, deshalb, so Sorgeç, sei »der Mehrwert für Deutschland und die Türkei umso größer, je mehr beide das interkulturelle Potenzial ihrer Bevölkerung ausschöpfen. Doch man kann eine Ressource nur ausschöpfen, indem man sie auch fördert. Das heißt: Wir müssen dafür sorgen, dass vor allem junge Menschen bilingual und interkulturell gefördert werden durch entsprechende Angebote, angefangen beim Kindergarten über die Schule bis hin zu betrieblicher Ausbildung und Studium.«

Wachsende Vielfalt – türkeistämmige Unternehmer

Im Stadtbild von Berlin sind die türkischen Obst- und Gemüseläden seit Jahrzehnten ein fester Bestandteil. Nach dem großen Sterben deutscher Tante-Emma-Läden waren es zumeist »Ausländer«, die die Läden übernahmen und so die kleinteilige Einzelhandelsstruktur retteten. Unter einem türkeistämmigen Selbständigen muss man sich heute aber nicht mehr ausschließlich einen Döner- oder Gemüseverkäufer vorstellen, der nur gebrochen

Deutsch spricht. Das war einmal. Türkische Unternehmer sind nicht mehr nur die kleinen Ladenbesitzer. Wer sich aufmerksam durch die Stadt bewegt, kann denselben türkischen Namen an Ladeneingängen in verschiedenen Bezirken entdecken. Neben Supermarktketten haben manche einen millionenschweren Großhandel aufgebaut oder auch Restaurantketten, die nicht zwangsläufig türkische Küche anbieten. Einige der beliebtesten Szenekneipen und Cafés in Kreuzberg wurden von jungen Menschen gegründet, die keinen deutschen Pass haben.

Einen in der Öffentlichkeit und den Medien wenig beachteten Typus von Unternehmern repräsentiert Emre Kiraz. Er reagiert allergisch auf die Stereotypen, mit denen Menschen mit türkischem Migrationshintergrund bis heute immer noch konfrontiert werden. Kiraz steht für das international denkende, zukunftsorientierte und ehrgeizige Unternehmertum der Stadt. Nach seinem Studium der Politik- und Rechtswissenschaften in Hamburg und Istanbul gründete er 1998 sein eigenes Consultingunternehmen. Zudem mischt er aktiv bei der Vernetzung von Berlin und Istanbul mit. Als Vorsitzender des Vereins BIN (Berlin Istanbul Network) möchte er »die Dynamik von Istanbul nach Berlin holen« und die deutsche wie türkische Seite von den Potentialen vor allem wirtschaftlicher Kooperation überzeugen. Nordrhein-Westfalen hat im März 2008 als erstes Bundesland eine Vertretung in Istanbul eingerichtet, um Handel und Investitionen zu befördern. Kiraz würde sich das auch für Berlin wünschen. So richtig glücklich ist er mit der Berliner Wirtschaftsförderung noch nicht, das Interesse an der Türkei wie an türkeistämmigen Unternehmen hier sei noch viel zu gering.

Dabei spielen türkische Firmen eine zunehmend wichtige Rolle im Berliner Wirtschaftsleben, auch wenn eine großangelegte empirische Studie über sie bis heute leider aussteht. Die Ergebnisse einer Befragung von knapp 300 türkeistämmigen Selbständigen

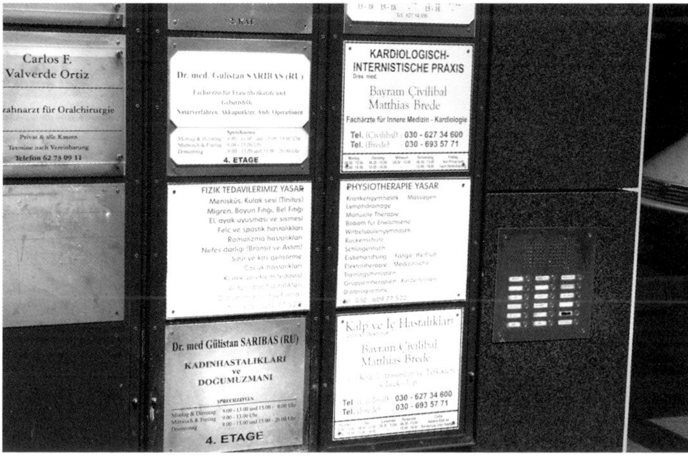

Unter den türkischstämmigen Selbstständigen sind auch viele Ärzte.

in Berlin 2005 ermöglichte eine Hochrechnung: Knapp 30000 Arbeitsplätze haben sie geschaffen, ihr Investitionsvolumen betrug 913 Millionen Euro und ihr Umsatz 2,3 Milliarden Euro. Der durchschnittliche Unternehmer ist 44 Jahre alt, lebt seit 26 Jahren in Berlin und ist Angehöriger der zweiten Generation. Ein Fünftel dieser Gruppe sind Frauen, fast die Hälfte hat die deutsche Staatsbürgerschaft. Die Hälfte der Unternehmen besteht seit mehr als zehn Jahren, ein Drittel zwischen fünf und zehn Jahren. Zwar liegt der Anteil an Selbständigen mit einem türkischen Hintergrund prozentual unter dem der deutschen, doch ihre Zahl ist seit den neunziger Jahren jährlich zwischen acht und zehn Prozent gestiegen. 5506 Mitgliedsfirmen türkeistämmiger Unternehmer zählte die IHK Berlin 2007, 541 waren im Handelsregister eingetragen. Seit 2001 hat sich die Anzahl der Kapitalgesellschaften verfünffacht und beträgt 2008 etwa acht Prozent der türkeistämmigen Unternehmen. Im Ostteil der Stadt wurden seit der Wende bis 1998 etwa 500 Betriebe gegründet. In der gesamten Bundesrepublik stieg der Anteil von türkeistämmigen Selbständigen zwischen 1985 und 2008 um das fast Dreifache auf etwa 70 000. Ein Grund hierfür ist neben der besseren beruflichen Qualifizierung die wachsende Tendenz, die eigene Zukunft dauerhaft in Deutschland zu sehen. Wurden früher Investitionen in der Türkei getätigt, vornehmlich im Immobilienbereich, gibt es heute immer mehr Menschen, die ihr Geld hier anlegen und ausgeben. Das haben inzwischen auch deutsche Unternehmen gemerkt und betreiben dementsprechend Ethnomarketing, d. h. auf die Bevölkerung mit türkischem Hintergrund abzielende Werbung in türkischer Sprache.

Ein Grund für das Mehr an Selbständigen ist zudem die Arbeitsmarktsituation. Nach wie vor hat es jemand mit einem nichtdeutschen Namen auf dem Arbeitsmarkt besonders schwer. Der junge Informatiker gründet lieber seine eigene Firma, bevor er einen Arbeitsplatz annimmt, der ihm keine Aufstiegschancen bietet oder ihn unterfordert. 2 000 Akademiker sollen jährlich in die Türkei abwandern, weil sie hier keine Berufsaussichten haben. Andere versuchen so, der Arbeitslosigkeit zu entkommen. Sein eigener Chef zu sein, ist zudem für viele ein Ideal, mit dem sich das gesellschaftliche Ansehen erhöht. Nicht alle diese Unternehmen bringen das große Geld, die Selbstausbeutungsrate ist oft recht hoch. Besonders im Einzelhandel und in der Gastronomie kommen leicht Zwölf- bis Vierzehn-Stunden-Tage dabei heraus.

Wie bei dem jungen Gründer eines kleines Unternehmens namens *Staatsburger*. Mit den Wörtern und Identitäten spielend, werden hier Burger verschiedener Nationalität angeboten. Den »Griechen« gibt es mit Tsatsiki, den »Schweizer« mit Emmentaler. Der größte Burger ist der »Zaza« mit »Heimatsoße«. Der Jungunternehmer ist ein Zaza und gibt bereitwillig Auskunft über diese Minderheit in der Türkei. So bietet *Staatsburger* gleichzeitig

Deutsche Unternehmen stellen sich auf türkischsprachige Kunden ein.

Staatskunde; der aufmerksame Kunde kann lernen, dass Türken eben nicht nur Türken sind. Gleichzeitig zeigt sich die Tendenz, dass türkeistämmige Unternehmen sich aus der ethnischen Nische heraus bewegen. Sie bieten nicht mehr nur Lebensmittel oder kulinarische Speisen ihres Landes an, sondern eben auch anderes. Eines der besten italienischen Restaurants der Stadt wird von einem türkeistämmigen Berliner geführt und es gibt mehrere erfolgreiche mexikanische Restaurants, deren Besitzer keineswegs aus Mexiko kommt.

Zudem sind türkeistämmige Menschen in allen möglichen Dienstleistungsbereichen tätig und haben eine ebenso diversifizierte Kundschaft. Man braucht nur einen Blick in das türkische Branchenverzeichnis zu werfen: Von Änderungsschneidereien über Computerhandel und Kurierdienste bis zu Transportunternehmen und Werbeagenturen gibt es fast alles, was auch in einem deutschen Branchenbuch zu finden ist. Anwälte, Architekten, Ärzte, Steuerberater, Informatiker und Unternehmensberater bieten ebenso ihr Knowhow an wie Handwerker. Zwar sind quantitativ nach wie vor Restaurants, Imbissläden und Lebensmittel-Einzelhandel mit zusammen über 40 Prozent am stärksten vertreten, doch der Dienstleistungsbereich nimmt einen immer breiteren Raum ein. Die Betriebe haben deutsche Lieferanten und beschäftigen zunehmend auch Deutsche. Fast ein Drittel der Unternehmen hat vier bis zehn Mitarbeiter, etwa die Hälfte ein bis drei Mitarbeiter. Die klassischen Familien- und Kleinbetriebe gibt es nach wie vor in großer Zahl, aber schon lange nicht mehr ausschließlich.

Einer der bekanntesten türkischstämmigen Unternehmer ist Remzi Kaplan, der seit 1971 in Berlin lebt. Der wahre Selfmademan hat nach der Wende den Osten mit Döner-Imbissen überzogen und innerhalb von wenigen Jahren eine Dönerproduktion aufgebaut, die heute an vier Standorten viele Mitarbeiter beschäftigt. Er hat seine Aktivitäten in Sachen Döner inzwischen auch auf die Türkei ausgedehnt. In türkeistämmigen Kreisen ist er als ein großzügiger Sponsor bekannt. Kaplan ist Vorsitzender der *Türkisch-Deutschen Unternehmervereinigung* (TDU), die 1996 gegründet wurde, um die türkeistämmige Wirtschaft zu fördern und ihre Interessen in der Stadt zu vertreten. Der heute 250 Mitglieder umfassende Verein von kleinen und mittelständischen Unternehmen mit etwa zehn Prozent Mitgliedern deutscher Herkunft ist in der Stadt gut verankert. Es gibt Kontakte zum Senat, der IHK, der

Türkische Banken bieten auch in Berlin ihre Dienstleistungen an.

Handwerkskammer, den Bezirken, Bildungsträgern und anderen Organisationen, die für wirtschaftliche, aber auch politische und soziale Belange von Bedeutung sind. Die TDU berät Unternehmer, veranstaltet Existenzgründerseminare, unterstützt Projekte und Initiativen zur Ausbildungsförderung und sponsort Veranstaltungen im Sport- und Kulturbereich. Vierteljährlich gibt sie die zweisprachige Zeitschrift *Türk Ekonomi Dergisi* (Zeitschrift für Türkische Wirtschaft) heraus. 2007 hat sie gemeinsam mit der Berliner Handwerkskammer einen Appell an die türkeistämmigen Handwerksbetriebe verfasst, mehr Ausbildungsplätze zu schaffen. Genaue Zahlen von Ausbildungsbetrieben gibt es nicht, Schätzungen gehen von etwa 170 aus.

Zu den weiteren Wirtschaftsverbänden auf Berliner Ebene gehört *MÜSiAD* (Verband unabhängiger Industrieller und Unternehmer) mit inzwischen etwa 100 Mitgliedern, eine in zahlreichen Ländern bestehende Vereinigung, die stärker religiös orientiert ist. Auch sie berät türkeistämmige Unternehmer, tritt aber im Vergleich zur TDU weniger in der Öffentlichkeit in Erscheinung. Außerdem gibt es den *Verband der türkischen Industriellen und Unternehmer* (TÜSIAD). Der Berliner Ableger des Zentralverbandes in der Türkei wird seit 2006 von Alpin Auçok geleitet und engagiert sich insbesondere für die Intensivierung der Wirtschaftsbeziehungen zwischen der Türkei und Deutschland.

Vergleicht man die türkeistämmigen Existenzgründer mit ihren deutschen Pendants, so ist der Mut zum Risiko bei ihnen größer. Viele gründen ohne großartige Marktanalyse und ohne Business-Plan. Viele lassen sich überhaupt nicht beraten oder sie stützen sich nach wie vor lieber auf Ratschläge aus ihrer direkten Umgebung. Auf fachliche Beratung durch IHK oder Handwerkskammer greift nur ein Bruchteil der Existenzgründer zurück. Zudem kennen viele die staatlichen Fördermöglichkeiten nicht oder scheuen sich vor der Antragstellung. Bahattin Kaya, ehemaliger Vorsitzender der Türkisch-Deutschen Unternehmervereinigung und langjähriger Berliner Unternehmer in der Tourismusbranche, nennt als Grund dafür die hohe Schwellenangst vor den deutschen Behörden.

Die wirtschaftliche Gesamtlage in Berlin hat die Situation der türkischen Unternehmen in den letzten Jahren nicht gerade verbessert. Steigende Kosten und die noch immer schwächelnde Kaufkraft der Berliner – 2006 betrug das durchschnittliche Pro-Kopf-Nettoeinkommen bei deutschen 975 Euro im Monat und bei türkischen Berlinern 525 Euro – sind für viele der Unternehmen ein großes Problem.

Zu den größten Stolpersteinen für türkeistämmige Unternehmer gehören nach der oben erwähnten Studie auch Bürokratie und mangelnder Zugang zu Krediten. Um diese Probleme anzugehen, bietet der Senat seit 2003 Existenzgründerseminare in unterschiedlichen Sprachen an und die Investitionsbank Berlin hat ein Programm für die Vergabe von Kleinkrediten unter vereinfachten Bedingungen aufgelegt. Doch gerade die Banken machen (neben dem Ordnungsamt) den kleinen und mittleren Unternehmern die größten Mühen. Die Hürden für eine Kreditvergabe sind immer noch hoch, selbst für die Deutschen. »Und bei den Ausländern guckt man noch einmal besonders kritisch hin,« sagt Kaya nüchtern.

Raus aus der Nische – Türkisch-deutsches Theater

Türkisches Theater gibt es in Berlin fast so lange wie die türkeistämmigen Arbeitsmigranten. Inhalte und Inszenierungsart haben sich im Laufe der Jahre natürlich verändert. Bereits 1974 hatte sich unter der Leitung von Nihat Bozkurt *Halkevi Isçi Tiyatrosu*, (Volkshaus-Arbeiter-Theater) gegründet. Bozkurt, ein gelernter Maschinenschlosser, war schon in der Türkei als Schauspieler aufgetreten. Die restliche Gruppe bestand aus Studenten, Schülern und Arbeitern. Ihre Inszenierungen standen in der Tradition des Agitprop-Theaters und fanden vor allem im Studentenmilieu Anklang.

Im Künstlerhaus Bethanien spielte von 1978 bis Anfang der achtziger Jahre unter der Leitung von Bülent Talay die *Kreuzberger Türkische Volksbühne*. Dort ebenfalls untergebracht war das 1980 gegründete *Kollektiv-Theater* von Vasif Öngören. Öngören steht für eine ganze Reihe von Theaterleuten, die nach dem Militärputsch ins Exil gehen mussten, dort aber häufig nicht die erhoffte Resonanz fanden. Was den Erfolg im deutschen Kulturbereich betrifft, stellt Emine Sevgi Özdamar eine Ausnahme dar, die ebenfalls aus politischen Gründen die Türkei verlassen hatte. Allerdings wurde die Theaterregisseurin und Schauspielerin vor allem durch ihre vielfach ausgezeichneten autobiographisch geprägten Romane berühmt. Seit 2007 ist sie Mitglied der *Deutschen Akademie für Dichtung und Sprache*. Die Theaterarbeit hatte sie mit Öngören in der Türkei begonnen, war dann 1976 Regieassistentin an der Ost-Berliner Volksbühne und mit Benno Bessons Brecht-Inszenierungen in Frankreich.

Fernab von Hochkultur und berühmten Namen bildeten sich in den achtziger Jahren deutsch-türkische Jugendtheatergruppen an den Volkshochschulen in Neukölln und im Wedding. Auf professioneller und halbprofessioneller Ebene fanden eine Reihe von Neugründungen statt: 1983 Metin Tekins *Cep Tiyatrosu* (Das Taschentheater), dann *Unser Theater Berlin*; 1989 das *Theater Be-Asado* von Yalcin Baykul; 1990 die *Berliner Friedensbühne* unter Erhan Yener. 1994 gründete sich die *Birikim Volksbühne*, von der sich sechs Jahre später das *Asmen Ensemble* abspaltete. 1995 entstanden Selçuk Sazaks *Theater Aktuell Berlin* und Kadir Ceviks *Theater Kumpanya*. Zu den neuesten Gründungen gehört das *Preußische Elite Ensemble*, das aus einer ethnisch bunt gemischten Gruppe von Schauspielern besteht. Es ist insofern repräsentativ, als dass sich heute immer öfter freie Theatergruppen jenseits ethnischer Zuschreibung bilden, die zudem inhaltlich nicht auf das Migrationsthema festgelegt sind. Dennoch nimmt auch der »interkulturelle Bereich« eine eher bescheidene Stellung innerhalb des Berliner Kulturbetriebs ein.

Lang ist es her, dass etablierte deutsche Theater die Zusammenarbeit mit türkischen Gruppen suchten. Das *Türkische Ensemble* in der Schaubühne stellt eine Rarität in der deutschen und deutsch-türkischen Theatergeschichte dar. Hier war zum ersten Mal türkischsprachiges Theater von einer professionellen Schauspielertruppe auf einer großen deutschen Bühne zu sehen. Zustande gekommen war es 1979 durch den Kontakt des damaligen Intendanten der Schaubühne, Peter Stein, mit Meray Ülgen.

Beim Diyalog Theaterfest stehen deutsche und türkische Stücke auf dem Programm, hier Yalnizliklar – Einsamkeiten *von Hassan Ali Toptas.*

Ülgen hatte 1976 die Idee der Kooperation mit der Schaubühne, Peter Stein stimmte zu. Die Schauspieler erhielten ein Festgehalt und konnten alle Einrichtungen der renommierten Schaubühne nutzen. Doch Stein und Ülgen waren sich über die Besetzungen uneins. Während Stein professionelle Schauspieler aus der Türkei einladen wollte, bevorzugte Ülgen die einheimischen Schauspieler mit türkischem Hintergrund. Innerhalb des so bunt zusammengewürfelten Ensembles kam es zu Streitigkeiten. Auch die unterschiedlichen Auffassungen über die Funktion von Theater führten zu Kritik am *Türkischen Ensemble* in der Schaubühne. Trotz all dieser Schwierigkeiten waren die meisten Inszenierungen, die sich mit der Situation von Türken in Deutschland befassten oder auch auf türkischen Erzählungen basierten, sehr erfolgreich. Doch die Chance, ein dauerhaftes Theater zu etablieren, wurde vertan, 1984 löste sich die Gruppe auf.

Seit 1995 findet alljährlich das von Mürtüz Yolcu gegründete *Diyalog TheaterFest* statt. Es trägt seine Zielsetzung bereits im Namen: die Kommunikation zu fördern, und zwar zwischen verschiedenen Nationalitäten und Kulturen. Unbekannte Gruppen treten hier ebenso auf wie bekannte Ensembles. 1983 entstand bereits eine Theatergruppe namens *Diyalog e.V.* aus jungen Leuten der zweiten Generation, d.h. die in Berlin geboren oder aufgewachsen waren, und hauptsächlich Stücke auf die Bühne brachten, die sich mit Themen der Migration beschäftigten. Später wurden die Inhalte erweitert, Klassiker adaptiert und auch Kinderstücke aufgeführt.

Das Theaterfest bietet ein breit gefächertes Angebot, erfolgreiche ausländische Produktionen werden nach Berlin gebracht und einheimische Inszenierungen vorgestellt. Zudem gibt man jüngeren Theatergruppen eine Bühne. Das gut besuchte Festival hat nach finanziellen Engpässen Sponsoren gefunden, wäre aber ohne das große Engagement vieler Ehrenamtlicher kaum möglich.

Einer alteingesessenen Kreuzberger Institution wurde von der Kulturverwaltung des Senats im Frühjahr 2008 der Geldhahn zugedreht; die Zukunft des türkischen Theater *Tiyatrom* (Mein Theater) ist ungewiss. Seit 1984 besteht diese von ehemaligen Mitgliedern einer der ersten türkischen Theatergruppen Berlins, den *Berliner Darstellern*, gegründete Spielstätte, die seit Beginn von Yekta Arman geleitet wird und deren Schwerpunkt das Kinder- und Jugendtheater bildet. Das Theater sei unzeitgemäß und zudem werde es schlecht besucht, so die Begründung des Senats für diese Entscheidung. Eine finanzielle Umverteilung zugunsten des Ballhaus Naunynstraße ist entschieden. Das Ballhaus liegt mitten in Kreuzberg 36 und hat Anfang 2008 eine neue künstlerische Leiterin bekommen, Shermin Langhoff. Der Ort soll sich zu einer interkulturellen Spielstätte für diverse freie Gruppen entwickeln. Langhoff hatte unter anderem im Hebbeltheater am Ufer, kurz

HAU genannt, das Theaterfestival *Beyond Belonging* organisiert. Wie der Titel des Festivals, »Jenseits von Zugehörigkeit«, bereits andeutet, »kann nicht länger vom Containermodell nationaler Kulturen ausgegangen werden oder von Kultur als Eigentum einzelner Gruppen«, so Langhoff in einem Interview.

Sie hat eine ganze Reihe von Künstlern engagiert, die Migrantengeschichte und Identitätsfragen fernab sozialkritischer Empfindlichkeiten auf die Bühne bringen. Zu ihnen gehört Nurkan Erpulat, der im HAU sein Stück »Jenseits – bist du schwul oder bist du Türke?« vorstellte, das auf Interviews mit homosexuellen türkischen Männern basiert und Selbstbild und Fremdbild, konstruierte Identität und ihre Konflikte thematisiert. Erpulat dazu: »Ich bin homosexueller Türke und genieße die Früchte des positiven Rassismus in Deutschland. Nur weil ich schwul bin, habe ich gleich Arbeit gefunden, habe viele Menschen um mich gehabt. Viele Menschen stehen vor mir voller Bewunderung nach dem Motto: ›Oh, der ist hierher gekommen, um sich zu emanzipieren! Lasst uns ihn mit vereinten Kräften befreien.‹ Und ich denke: Na dann, erlöst mich mal!«

Berliner in der Minderheit – Kabarett und Comedy

Er spricht perfekt Schwäbisch, obwohl er dort nie gelebt hat. Er kann berlinern wie nix Jutes, den norddeutschen Einschlag genauso treffen wie den thüringischen. Er ist ein glänzendes Sprachtalent. Und ein Mensch mit beneidenswerter Körperbeherrschung. Er kann nicht nur breakdancen und rappen, die diversen Menschentypen, denen man in Berlin begegnet, auch in ihrer Körperlichkeit darstellen, er hat auch eine unglaubliche Kondition. Es macht viel Spaß, den Kabarettisten Murat Topal auf der Bühne zu erleben. Denn seine Show ist witzig und intelligent zugleich. Sie ist kein Polit-Kabarett der alten Schule, aber eine Botschaft gibt es doch: Lasst uns alle so sein, wie wir sind. Was Topal bekannt gemacht hat, ist seine Vergangenheit, denn er hat es geschafft, aus seinem beruflichen Alltag als Polizist Kabarett zu machen. Zehn Jahre hat er in diesem Beruf gearbeitet, seine Sketche darüber Freunden und Kollegen gezeigt, die ihn ermuntert haben, das zu professionalisieren. Es ist diese Perspektive, die besonders interessant ist, denn wer weiß schon, wie es sich anfühlt, Fußballfan-Begleitung in der U-Bahn zu machen oder wegen der Meldung von Ruhestörung auf einer Pogo-Party aufkreuzen zu müssen. Doch Topal möchte nicht für immer auf den »Bullen aus Kreuzberg« festgelegt sein. Inzwischen hat er sein Programm thematisch mit großem Erfolg erweitert.

Die meisten Kabarettisten und Comedians mit türkischem Hintergrund, die bekannter wurden, kommen aus anderen Städten, wie Kaya Yanar, der in Frankfurt geboren ist. Als Vertreter des Comedy-Genres hat er es zur eigenen Sendung im Privatfernsehen gebracht. Serdar Somuncu, der sich selbst mit dem »Goldenen Edmund-Stoiber-Siegel für angepasste Kanaken« ausgezeichnet hat und mit seiner Lesung aus Hitlers *Mein Kampf* berühmt wurde, lebt in Düsseldorf. Django Asül kommt aus dem Bayrischen. Und Fatih Çevikkollu, der an der Berliner Hochschule für Schauspielkunst »Ernst Busch« studiert hat, ist ein echter Kölner. Die Begründer des politisch-satirischen Kabaretts türkisch-deutscher Ausrichtung, Şinası Dikmen und Muhsin Omurca, starteten 1985 von Ulm aus als *Knobi-Bonbons* und tourten bis 1997 mit großen Erfolgen durch ganz Deutschland. Dikmen gründete dann in Frankfurt mit Ayşe Aktay das *Kabarett Änderungsschneiderei*, genannt *die Käs*. Sedat Pamuk, der dritte türkisch-deutsche Kabarettist der ersten Stunde, kommt aus Freiburg.

Kabarett von türkischen Frauen gab es mit dem *Putzfrauen-Kabarett* in Köln und den *Bodenkosmetikerinnen*, die aus dem

Der Comedy-Star Murat Topal ist ein waschechter Berliner mit Erfahrung als Berufspolizist.

Raum Köln/Münster kamen. Zwei der »Kosmetikerinnen« gingen nach Berlin, wo sie noch einige Male zusammen auftraten. Eine von ihnen, Serpil Pak, hat zuletzt ein Solo-Comedy-Programm entwickelt und rappt zudem in der schwul-lesbischen Szene. Die andere, Nursel Köse, hat sich verstärkt der Schauspielerei zugewandt und zuletzt in Fatih Akins Oscar-nominiertem Spielfilm *Auf der anderen Seite* mitgespielt.

Das türkisch-deutsche Kabarett hat sich im Laufe von zwanzig Jahren inhaltlich erweitert. Nach wie vor spielen deutsch-türkische Themen eine große Rolle, aber die Jüngeren, wie der Berliner Murat Topal, schlüpfen zunehmend aus der Rolle des »Berufstürken« heraus und machen ihre Späße auch jenseits ethnischer Zuschreibung. Die hohe Qualität vieler türkischer Kabarettisten kann man nach dem Theaterwissenschaftler Erol Boran mit dem traditionellen türkischen Theater in Verbindung bringen, das seit Jahrhunderten einen ausgenommen satirischen Charakter hat. Es gab darin kein aristotelisches Drama, keine Tragödie mit einem

Anfang, einer Mitte und einem Ende der Handlung, sondern das auf die Rede konzentrierte Typenspiel, das auf Zwischenrufe des Publikums reagiert. Berühmt wurden das Schattentheater, dessen Protagonisten Hacivat und Karagöz in witzigen Dialogen die eigenen Landsleute auf die Schippe nehmen, und die von Meddachs (Erzählern) mimisch vorgetragenen spöttischen, häufig dialogisch angelegten Erzählungen, die ein Bestandteil traditioneller Kaffeehauskultur waren.

Von Theater-Traditionen und feinsinnigem Humor weit entfernt ist eine Berliner Kunstfigur, die es durch das Internet zum Kultstatus gebracht hat. *Tiger, die Kralle von Kreuzberg* wird von Cemal Atakan derart perfekt gespielt, dass man glaubt, er sei so im wirklichen Leben: Zwischen 26 und 30 Jahre alt, so genau weiß das niemand, ohne Schulabschluss und gestylt wie ein Gangsta-Rapper, passt er genau in das Bild von dem Typus »Kreuzberger Türke«, an den gedacht wird, wenn man von »Problemkiez« oder »bildungsfernen Schichten« spricht. Dem selbsternannten *Manager der Straße* sind diese Debatten völlig egal, bei ihm dreht sich alles um Mädchen, Abzocken und Spaß haben. Geschaffen hat diese Figur Murat Ünal, der sie als ein Beispiel für die »Leute, die ihr Minderwertigkeitsgefühl kompensieren wollen und sich selber was vorlügen«, versteht. So manche Kommentare zu Tigers Videos im Internet allerdings zeigen, dass das nicht alle so verstehen.

Perspektivenwechsel – Film

Seit gut zehn Jahren hat das deutsche Fernsehen den »Ausländer« für seine Filmproduktionen entdeckt, Schauspieler wie der Berliner Tayfun Bademsoy sind regelmäßig im Tatort zu sehen. Bademsoy hat vor Jahren bereits eine Agentur für nichtdeutsche

Schauspieler in Berlin gegründet (*Foreign Faces*, heute *International Actors* unter anderer Leitung), bei der es ihm neben der Vermittlung von Schauspielern auch darum ging, für ein differenziertes Bild des »Ausländers« zu werben. Neben unterhaltenden Vorabendserien im Fernsehen kommen auch zunehmend Filme von und mit Regisseuren und Schauspielern, die einen türkischen, kurdischen, armenischen und/oder alevitischen Background haben, in die Kinos.

Die türkisch-deutsche Filmgeschichte begann vor mehr als 20 Jahren mit *40 qm Deutschland*. Der Film des in Hamburg lebenden Regisseurs Tevfik Başer handelt von einer jungen Türkin, die durch ihren Ehemann von der Außenwelt abgeschottet wird und ihr Dasein in einer tristen, 40 Quadratmeter großen Hinterhofwohnung fristen muss. Erst durch den Tod ihres Ehemanns wird der Weg in das ungewisse Außen frei.

Dem Beginn türkisch-deutscher Kinoproduktionen folgten zunächst keine weiteren Filme, die von sich reden machten. Einige wenige deutsche Regisseure griffen das Migrationsthema auf, so Rainer Werner Fassbinder (*Angst essen Seele auf*, 1974), Helga Sanders-Brahms (*Shirins Hochzeit*, 1975/1976) und Hark Bohm (*Yasemin*, 1987). »Anders als in Frankreich und Großbritannien, wo es schon Mitte der achtziger Jahre eine rege Produktion von Emigrantenfilmen gab, die mit Spannung und Humor über das Leben erzählten, dominierte in der Bundesrepublik der düstere, traurige Blick auf die fremde Kultur«, wie der Kritiker Moritz Dehn anmerkt. Der »Ausländer« wurde als Problem, als Randfigur gedacht, die türkische Frau zudem als ein Opfer türkischer Männerherrschaft.

Die Germanistin und Filmwissenschaftlerin Deniz Göktürk, die Berlin verlassen hat, weil sie in Deutschland keine Chancen für Akademikerinnen mit Migrationshintergrund sah, und heute an der Universität in Berkeley unterrichtet, kritisiert dieses einseitige

Frauenbild und darüber hinaus die eindimensionale Vorstellung vom »türkischen Gastarbeiter«: »Die problematische Grundannahme von klar abgrenzbaren, homogen in sich geschlossenen, nebeneinander existierenden kulturellen Identitäten führte zu einer Rhetorik über Minderheiten, die von ethnographischem Interesse und sozialem Engagement getragen war, zugleich jedoch Ungleichheit und Ausgrenzung festschrieb.«

Um aus der Opferrolle herauszukommen, haben manche Regisseure, wie in anderen Ländern auch, mit komödiantischen Mitteln gearbeitet. 1993 drehte der türkische Regisseur Sinan Çetin mit *Berlin in Berlin* eine Parodie auf *40 Quadratmeter Deutschland*, in dem ein Deutscher (Armin Block) auf dem Kleiderschrank einer Frau (Hülya Avşar) landet, deren Ehemann er aus Versehen umgebracht hat, und vor der Rache der türkischen Großfamilie geschützt ist, solange er unter ihrem Dach wohnt. Im Laufe der Zeit passt sich der Deutsche den Sitten seiner »Gastgeber« an. Die Umkehrung der Situation und Perspektive, die Ironie, mit der auch türkische Sitten behandelt werden, und nicht zuletzt die gewagten erotischen Szenen mit der populären Schauspielerin Hülya Avşar machten den Film unter Migranten sehr populär. Komödiantisch mit dem Migrationsthema ging bereits 1988 Şerif Gören um, als er in Berlin rund um das Kottbusser Tor *Polizei* drehte. Ein Straßenkehrer (Kemal Sunal) wird in diesem Film zum türkischen »Hauptmann von Köpenick«. Als passionierter Laienschauspieler übernimmt er eine Polizistenrolle, die er dann auch im wahren Leben spielt und allerlei Verwirrung stiftet. Die ironische Umkehrung von Rollen reflektiert die ethnischen Zuschreibungen auf eine in dieser Zeit selten humorvolle Weise.

Ab Mitte der neunziger Jahre gelang es verschiedenen nichtdeutschen Regisseuren, sich auf Festivals erfolgreich zu positionieren. Zu ihnen gehört aus Berlin Aysun Bademsoy, die mit *Fremde deutsche Nachbarschaft* 1989 ihre dokumentarische Filmarbeit begann. Mit ihrem Dokumentarfilm über die Frauenmannschaft des Berliner *BSC-Agrispor*, *Mädchen am Ball* von 1995, wurde dem deutschen Publikum endlich einmal ein anderes Frauenbild vorgeführt. Es folgten Dokumentationen unter anderem erneut über die türkischen Sportlerinnen, über deutsche Polizisten und die Wohnorte von »Deutschländern«, wie die türkischen Rückkehrer in der Türkei genannt werden. Ihre auf intensiver Recherche basierenden Dokumentationen zeigen eine Bandbreite von Themen, die in den täglichen Medien nicht auftauchen.

Die Filminhalte haben sich seit den neunziger Jahren ausdifferenziert. In der türkeistämmigen Berliner schwul-lesbischen Szene spielt *Lola und Bilidikid* (in den Hauptrollen Gandi Mukli, Baki Davrak und Erdal Yıldız). Der Regisseur Kutluğ Ataman, der heute hauptsächlich als Videokünstler in London arbeitet, erhielt dafür den Teddy Award auf der Berlinale 1999, aus heutiger Perspektive wohl eher wegen des Themas als aufgrund seiner Darstellung, welche die Kritik wegen der ethnischen Stereotype nicht durchgängig überzeugte. Komödiantisch ging auch der ehemalige Punkrocker der Berliner Band *Soilent Grün*, Hussi Kutlucan, in *Ich Chef, Du Turnschuh* mit der Geschichte eines illegalen Einwanderers um, der sich in Berlin auf der Großbaustelle am Reichstag durchschlägt, aber durch das nachbarliche Misstrauen doch noch in Schwierigkeiten gerät. Kutlucan erhielt für diesen Film 2000 den Adolph-Grimme-Preis. Neben weiteren Regiearbeiten, zum Beispiel *Drei gegen Troja* 2005, eine Art Roadmovie, in dem es ebenfalls um Einwanderung geht, hat er als Schauspieler in zahlreichen Kino- und Fernsehproduktionen mitgewirkt, wie in *KanakAttack* von Lars Beier.

Kutlucan hat als Schauspieler auch für Thomas Arslan gearbeitet. Arslan, der in den neunziger Jahren an der Filmakademie in Berlin studierte, wurde durch eine Trilogie über Jugendliche bekannt. Im ersten, *Geschwister – Kardeşler* (1997, in den Hauptrollen Serpil Turhan, Tamer Yiğit, Savas Yurderi) suchen die Protagonisten, die eine deutsche Mutter und einen türkischen Vater haben (wie der Regisseur selbst), ihre Position zu bestimmen. Zwei Jahre später folgte die Geschichte von einem kleinen *Dealer* (Tamer Yiğit), der im Gefängnis landet. Diesen klischeehaften Plot konterkariert die psychologische Machart des Films, der die innere Einstellung und die Empfindungen in den Vordergrund bringt. Der letzte Film dieser Reihe geht weg von Identitätsfragen und Rollenzuschreibung im Migrantenmilieu: *Der schöne Tag* von 2001 zeigt einen Tag im Leben der Synchronsprecherin Deniz (Serpil Turhan), in dem es vor allem um Liebe, um Entscheidungsmacht und Alltag geht. Auch *Ferien* von 2007 behandelt nicht mehr spezifische Themen der Migration, sondern zwischenmenschliche Beziehungen während eines Ferienaufenthaltes in der Uckermark. Arslan gehört mit Christian Petzold und Angela Schanelec zur *Berliner Schule*, die ästhetisch wie dramaturgisch eher an die französische Nouvelle Vague als an amerikanisches Genrekino anknüpft. Man könnte ihn als einen künstlerischen Antipoden zum Hamburger Regisseur Fatih Akin begreifen, der als Berlinale-Sieger 2004 (mit *Gegen die Wand*) und mit der Oscar-Nominierung 2007 von *Auf der anderen Seite* zweifelsfrei der in den Kinos erfolgreichste Regisseur mit türkischen Vorfahren ist.

Bisher weniger mit Preisen ausgezeichnet, aber über Berlin hinaus bereits bekannt, ist Neco Çelik. Er war Mitglied der vielzitierten Kreuzberger Jugendgang *36er* und hat dann als Sozialarbeiter in dem Jugendzentrum Naunynritze gearbeitet. Gemeinsam mit dem Schauspieler Erhan Emre gründete er 2001 eine Filmproduktionsgesellschaft mit dem Namen *36PICTURES*. Çelik hat mit *Urban Guerilla* 2003 einen Episodenfilm im Kreuzberger HipHop-Milieu gedreht, zwei Jahre später eine Reportage für das öffentliche Fernsehen über *Kreuzberger Nächte,* 2006 die Regie

2008 fand bereits zum 6. Mal die Türkische Filmwoche Berlin statt. Das Plakat zeigt ein Szenenfoto aus dem Film Bir Hazan Mevsimi.

für eine türkische Filmproduktion geführt (Medyapim Filmproduktion Istanbul, *Auf niedriger Flamme*) und für 3Sat die Dokumentation *Ganz oben – TürkischDeutschErfolgreich* gemacht. Seit 2007 arbeitet er auch im Theaterbereich, in Berlin am HAU (Hebbeltheater am Ufer) hat er Werke von Feridum Zaimoğlu und an den Münchener Kammerspielen ein Stück von Xavier Durringer inszeniert. Auch wenn seine letzten Regiearbeiten nichts mit lokalen Bezügen zu tun haben, ist es für ihn schwierig, aus der Zuschreibung des »Kreuzberger Türken« herauszukommen.

Das Problem kennt auch Erhan Emre, der diverse Rollenangebote abgelehnt hat, weil er immer den Bösen hätte spielen müssen, »und dann sieht man einen Gastarbeiter-Papa, der furchtbar enttäuscht ist«. Emre, der als charismatischer Fotograf Mustafa in *Zeit der Wünsche*, einer tragischen Liebesgeschichte nach dem Drehbuch von Tevfik Başer, die 2005 im Fernsehen Millionen zu

Tränen rührte, für den Adolph-Grimme-Preis nominiert wurde, hat es geschafft, der Rollenzuschreibung zu entkommen. In einer Fernsehserie spielt er im Privatfernsehen 2008 einen deutschen Wissenschaftler.

Das Böse, die Gewalt, Kriminalität und Verrohung waren vor wenigen Jahren ein beliebtes Filmthema, wenn es um Jugendliche mit türkischem Migrationshintergrund ging. Der Schauplatz scheint fast zwangsweise Berlin sein zu müssen. So spielen hier die WDR-Produktion *Wut* des Regisseurs Züli Aladağ und Detlev Bucks Kinofilm *Knallhart*. Das Thema Jugendgewalt erregte ein großes Medieninteresse und führte zu zahlreichen Polemiken zwischen der Fraktion, die meinte, jetzt dürfe endlich Tacheles geredet werden über die »schlimmen Türken«, jenen, die auf die Verfehlungen deutscher Ausländerpolitik hinwiesen, und denen, die sich gegen die ethnische Zuschreibung von Gewalt wandten. *Wut* wurde vielfach ausgezeichnet. Das Bild des gewalttätigen türkischen Jugendlichen hat sich zementiert.

Zu den talentreichen Newcomern im Berliner Filmbereich gehört Hakan Savas Mican. 2007 erhielt er für seinen Kurzfilm *Fremd. Yaban* den ersten Preis auf dem *Interforum Filmfestival Nürnberg*. Der Film thematisiert das Verhältnis zwischen einer wieder in der Türkei lebenden Frau (Sema Poyraz) und ihrem in Deutschland gebliebenen Sohn (Murat Karabey Yilmaz). Nach einem ersten Fernseh-Auftragswerk, *Adems Sohn*, das einen reuigen Mörder beim Versuch zeigt, die Liebe seines Vaters zurückzugewinnen, ist eine Faust-Adaption sein neuestes Projekt.

Innerhalb der Berliner Kinolandschaft gibt es heute kein Kino, das auf türkische Filme spezialisiert ist. Die Initiative des Eiszeit-Kinos in Zusammenarbeit mit dem Berliner Regisseur Ismet Elçi und dem Filmdramaturgen Dogan Altuner türkischsprachige Filme zu etablieren, auch aus dem Unterhaltungsbereich oder untertitelte Hollywood-Produktionen, scheiterte an mangelnder

Resonanz. Heute werden in der Zeughofstraße anspruchsvolle Autorenfilme aus diversen Ländern gezeigt.

Das von Suzan Beermann gemanagte Eiszeit-Kino ist auch Austragungsort des *Kurdischen Filmfestivals,* das alle zwei Jahre stattfindet. Initiiert wurde das Festival 2002 von Mehmet Aktaş. Dank seines und Beermanns Engagement ist es heute möglich, andere Bilder, als die der etablierten Medien von den kurdischen Gebieten in Anatolien, Iran und dem Irak zu sehen. Der kurdische Dokumentarfilmer und Journalist hat zudem einen Filmverleih und eine Produktionsfirma gegründet (Mîtosfilm).

Seit 2003 findet alljährlich unter der organisatorischen Leitung von Selçuk Sazak vom Verein *Tiyatro Aktuel Berlin e.V.* die *Türkische Filmwoche* statt, die 2008 in Anwesenheit des Regierenden Bürgermeisters Klaus Wowereit zum ersten Mal feierlich im großen Delphi-Filmpalast eröffnet wurde. So muss man in Berlin dank vieler freiwilliger Helfer nun doch nicht ganz auf die neuesten Produktionen aus der Türkei verzichten.

Zwischen Berlin und Istanbul – bildende Kunst

Inzwischen ist das Kunstwerk ein selbstverständlicher Teil des Heinrichplatzes, wie die Reihe von Cafés unter ihm, die immer gut besucht sind. Täglich gehen Dutzende von Menschen an ihm vorbei, wer hochschaut, rätselt, was die schwarzen Buchstaben an der Hausfassade wohl bedeuten mögen: miş, müş, mişiz, müşmüş, müşmüşuz usw. Es sind türkischsprachige Endsilben, die anders als im Deutschen sämtliche grammatikalischen Informationen wie Kasus und Zeit sowie Präposition, Verneinung und Possessivpronomen in sich tragen. *Evde – Am Haus* wurde 1994 von Ayşe Erkmen am Kreuzberger Heinrichplatz gestaltet. Mitten im Kiez können nun türkische Bewohner etwas erklären und die deutschen zuhören. Die Umkehrung und Verfremdung von Situationen, Orten und Beziehungen gehört zu Erkmens künstlerischer Arbeit. Zudem sind die Wörter zum Teil in einer Vergangenheitsform geschrieben, die in Märchen vorkommt und somit den Eingeweihten die Distanz zu den anderen visuellen Zeichen im öffentlichen Raum, hier der türkischsprachigen Werbung, deutlich macht. Dieses Werk ist eine der wenigen dauerhaften Installationen von Erkmen. Die 1949 in Istanbul geborene studierte Bildhauerin, die seit ihrem DAAD-Stipendium 1993 auch in Berlin lebt, ist international an zahlreichen Ausstellungen beteiligt. Sie spielt mit in der »obersten Liga« der zeitgenössischen Kunstszene. Von Mitte September 2008 bis Januar 2009 widmete ihr der *Hamburger Bahnhof – Museum für Gegenwart* in Berlin eine große Einzelausstellung.

Zu den jüngeren Künstlern im Bereich Videokunst gehört Aslı Sungu. Mit Anfang 20 ist sie von Istanbul nach Berlin gezogen, um an der Universität der Künste zu studieren. 2008 wurde sie mit dem deutschen Villa-Romana-Kunstpreis ausgezeichnet, der mit einem Arbeitsaufenthalt in der gleichnamigen Villa in Florenz verbunden ist. Sungu beschäftigt sich aber auch mit Malerei, zuletzt in einer Ausstellung der *Deutschen Guggenheim Berlin* zu sehen. Ein dort ausgestelltes Video zeigt die Künstlerin beim Zähneputzen, Bügeln, Fensterputzen und Salat zubereiten. Eine Stimme aus dem Off erklärt ihr, wie sie es richtig zu machen hat. Mit dem Thema Erwartungen, Perfektion und Realität hat sie schon vorher gearbeitet: Ein Video zeigt, wie sie sich nach den Wünschen ihrer Mutter kleidet, ein anderes, als welchen Typus ihr Vater sie gerne sieht. Mit Performance, Installation, Video und Fotografie arbeitet Nevin Aladağ. Sie befasst sich auch mit Themen der Migration, wenn sie beispielsweise Breakdance und türkische Folkore zusammenbringt. Aus Hessen nach Berlin gekommen ist Nasan Tur, der weltweit Installationen oder Videos zeigt.

Die international renommierte Künstlerin Ayfje Erkem gestaltete die Installation Evde – Am Haus *am Kreuzberger Heinrichplatz.*

Neben diesen Künstlerinnen und Künstlern mit türkischem Hintergrund in Berlin, die sich auf internationaler Ebene bewegen – die eine bereits etabliert, die anderen am Anfang ihrer Karriere –, gibt es eine ganze Reihe weiterer. Manche haben vor Jahren an der Hochschule der Künste studiert und arbeiten im klassischen Bereich der Malerei und Bildhauerei. Zu ihnen gehört Gülden Artun, die nach dem Germanistik-Studium in Ankara von 1977 bis 1983 an der HdK Berlin Malerei studiert hat. Sie ist zudem Vorsitzende des *Türkischen Kulturrats in Berlin,* der kulturelle Veranstaltungen für die türkeistämmige Gemeinde organisiert. Heute stellt sie regelmäßig in Berlin und Istanbul aus. Artun interessieren keine Themen, die sich mit deutsch-türkischen Verhältnissen, mit Migration etc. befassen, sie ist Malerin und keine Vermittlerin. Ähnlich hatte sich schon 1990 der Komponist und Pianist Tayfun Erdem geäußert: »Ich mache Kunst und keine

Völkerverständigung.« Nichts war und ist ihm mehr zuwider, als als Repräsentant »der Türken« über das türkisch-deutsche, deutsch-türkische Verhältnis befragt zu werden.

Bis heute ist es für viele Künstler ein Problem, in bestimmte Rollen gepresst zu werden. Hauptsächlich durch seine Bilder mit Migrantenthemen wurden Metin Talayman, der 1999 verstorben ist, und Hanefi Yeter bekannt. Nach einem Kunststudium in Istanbul war er 1973 nach Berlin gekommen, um Kunst zu studieren. Zehn Jahre später war er einer der bekanntesten türkischen Maler im überschaubaren West-Berlin. Inzwischen ist Yeter in die Türkei zurückgekehrt.

Im Vergleich zu Istanbul findet der Maler Ercan Arslan die Berliner Kunstszene »sehr verschlossen«. Und er glaubt, dass er es als Amerikaner, Spanier, Italiener oder Franzose vielleicht einfacher hätte. »Wenn du fragst, wer die Kurden sind, dann fällt ihnen nichts ein außer Karl May.« Dennoch kann man in Berlin eine zunehmende Aktivität im Bereich des Künstleraustauschs mit Istanbul wahrnehmen. Im März 2008 eröffnete der Galerist und ehemalige Direktor des Fridericianums in Kassel, René Block, den Projektraum *Tanas*. In enger Zusammenarbeit mit der Istanbuler Koç Foundation soll türkische Gegenwartskunst in Einzelausstellungen türkischer Künstler oder in Projekten türkischer Kuratoren vorgestellt werden.

International findet eine Reihe jüngerer türkischer Künstler Beachtung, wie Serhat Köksal, der im Künstlerhaus Bethanien Ende 2007 Artist-in-Residence war. Er arbeitet vor allem mit multimedialen Mitteln, mit audiovisuellen Performances, Video Cut-Ups, Collagen, Actionfilmen, Videoinstallationen und politischer Propaganda. Im weitesten Sinne sind seine Themen das Interkulturelle, die Wahrnehmung des anderen, Hochkultur und Stereotypisierung. Er gehörte zu den türkischen Künstlern, die Fatoş Üstek 2007 in der Berliner ifa-Galerie präsentierte.

Um etwas anderes als die bekannte Vorstellung vom Türkischen, in diesem speziellen Fall um Design, geht es auch dem Kurator und Produktdesginer Güven Günaltay, der im Mai und Juni 2008 in Berlin *Turkish Delight* organisierte. Die Sonderausstellung im Museum für Islamische Kunst stellte zeitgenössisches Design aus der Türkei vor.

Ein Netzwerk zur Förderung der Verbindungen zwischen Istanbul und Berlin ist das *Forum Berlin Istanbul*, das sich aus Spezialisten unterschiedlicher Fachrichtungen zusammensetzt, Künstlern, Stadtplanern, Regisseuren und Musikern. Es »unterstützt Initiativen des interkulturellen Dialogs, fördert die Vielfalt der Kulturen und Lebensweisen und die Gerechtigkeit zwischen den Geschlechtern und setzt sich für die gleichberechtigte soziale, politische und kulturelle Teilhabe von Bürgerinnen und Bürgern mit Migrationshintergrund ein«. Zum Vorstand gehört u. a. die künstlerische Leiterin des Ballhaus Naunynstraße, Shermin Langhoff, die auch dem im Frühjahr 2006 gegründeten Unterbereich Kunst & Kultur vorsteht. Dieses Forum will keine Veranstaltungen organisieren, sondern vor allem Künstler und Initiativen vernetzen und mit politischen Entscheidungsträgern Kontakte pflegen. Der interkulturelle Ansatz ist dabei besonders wichtig, denn man möchte wegkommen von dem Denken in nationalen Kategorien, vom »Wir hier – ihr dort«, »Wir helfen – euch wird geholfen«.

Die Selbstverständlichkeit des Hier-Seins – Literatur

Im Vergleich zu den bildenden Künstlern werden die türkischstämmigen Berliner Schriftsteller und Schriftstellerinnen öffentlich schon seit langem stärker wahrgenommen und vom etablierten Kulturbetrieb akzeptiert – zumindest diejenigen, die nicht auf Türkisch, sondern auf Deutsch schreiben. Allen voran Emine Sevgi Özdamar, die seit Jahrzehnten in Berlin lebt. Ihr Verdienst ist es, das Sujet der Migration so in die Literatur eingeführt zu haben, dass es bei aller thematischen Schwere leicht und immer sehr plastisch, sehr lebendig erzählt wird. Ihre autobiographisch geprägten Werke, zum Beispiel *Mutterzunge* oder *Die Brücke vom Goldenen Horn* zeigen eindringlicher als jede soziologische Studie das Individuum, das sich hinter den Begriffen »Gastarbeiter«, »Ausländer« und »Migrant« verbirgt. Nebenbei erfährt man viel über die politischen und gesellschaftlichen Zustände in Deutschland und der Türkei. Weniger literarisch ambitioniert, aber unterhaltend und anschaulich geschrieben sind einige Bücher, die in den letzten Jahren von jungen Journalistinnen veröffentlicht wurden. In *Einmal Hans mit scharfer Soße* schildert die heute in Berlin lebende Duisburgerin Hatice Akyün das »Leben in zwei Welten«, wie es im Untertitel heißt, und zwar das einer selbstbewussten jungen Frau, die Highheels mag und als Single lebt. Der Traumpartner könnte auch ein »Hans« sein, wie unter Türkischsprachigen der deutsche Mann bezeichnet wird, das weibliche Pendant dazu ist »Helga«. Mit viel Humor und flotter Schreibe zeigt Akyün, was es mit dem Typischen im Geschlechterverhältnis im Alltag und Familienleben wirklich auf sich hat und fürchtet sich nicht vor mäkelnden Stimmen, die darin die Verfestigung von Klischees sehen. Im Sommer 2008 erschien die schon im Titel konsequente Fortsetzung: *Ali zum Dessert. Leben in einer neuen Welt.*

Nicht das Verhältnis zwischen den Geschlechtern, sondern die Vater-Figur war der thematische Anfang von Dilek Güngörs Karriere. Über ihn verfasste sie in der *Berliner Zeitung* Kolumnen, später auch über ihre ganze Familie. Viele Leser wurden nahezu süchtig nach ihren kleinen Geschichten. Die diplomierte Übersetzerin für Englisch und Spanisch hat sie unter dem Titel *Unter uns*

Inzwischen gibt es eine Reihe von Buchhandlungen, die sich auf türkischsprachige Literatur spezialisiert haben.

und *Ganz schön deutsch* gesammelt veröffentlicht. 2007 erschien der erste Roman der gebürtigen Schwäbin: *Das Geheimnis meiner türkischen Großmutter.* Im Ton eher nüchtern und lakonisch erzählt Güngor von eine Reise in die Türkei, wo die Protagonistin viele überraschende Begegnungen und Erlebnisse hat.

Bis es zu dieser lockeren, selbstverständlichen Art des Umgangs mit dem Thema »Türken in Deutschland« kommen konnte, musste viel Zeit vergehen. Die türkisch-deutsche Literatur begann zunächst mit der Literatur von Arbeitern, die ihre Erlebnisse in der Muttersprache schilderten, oder ihnen nahestehenden Intellektuellen. In Berlin waren dies Aras Ören und Güney Dal. Wie in Örens besonders bekannt gewordenen und verfilmten ersten Band der Berlin-Trilogie, *Was will Niyazi in der Naunynstraße?* von 1973, wurde vor allem die Schwierigkeit in der Fremde, die damit verbundene Einsamkeit, Enttäuschung und Hoffnungslosigkeit zum Thema gemacht. Türkische Schriftsteller waren, so die Literaturwissenschaftlerin Sargut Şölşun, in den siebziger Jahren vor allem »Chronisten und Kritiker ihrer Zeit«. In den achtziger Jahren gab es eine Erweiterung zum Subjektiven; die Frage der Identität wurde eines der zentralen Themen. Lyrik wurde zum vorherrschenden Genre, wie zum Beispiel im türkischsprachigen Werk von Gültekin Emre.

In den achtziger Jahren publizierten jüngere Autoren in deutscher Sprache, wie Zafer Şenocak und Zehra Çirak. Von Çirak ist zuletzt der Gedichtband *Leibesübungen* (Köln 2000) erschienen, in dem die Migration keine Rolle spielt. Doch wer als türkeistämmiger Schriftsteller allgemein-menschliche Themen ohne den deutsch-türkischen Zusammenhang anspricht, hat es deutlich schwerer, damit wahrgenommen zu werden. Oder er wird auf das Türkische bezogen. »Wenn Proust über die Liebe schreibt«, klagte der türkische Literatur-Nobelpreisträger Orhan Pamuk einmal, »dann schreibt Proust über die Liebe. Wenn ich über die Liebe schreibe, dann ist das immer ›türkische Liebe‹.«

Mit dem Deutschen Buchpreis 2004 in der Kategorie Debüt ausgezeichnet wurde *Selam Berlin* von der in Berlin aufgewachsenen Autorin Yadé Kara. In diesem Roman werden die Ereignisse von 1989/1990 aus der Sicht eines jungen Türken beschrieben. Für viele Schriftsteller ist die Situation, in Deutschland zu leben, auch weiterhin ein Thema. Zafer Şenocak, der kurz vor dem Mauerfall nach Berlin kam, ist in Deutschland hauptsächlich mit seinen Essays bekannt geworden, die das deutsch-türkische Verhältnis zum Thema haben. Doch seine schriftstellerische Arbeit geht darüber weit hinaus. Nur ist es mit Gedichten und Erzählungen weniger leicht Leser zu finden.

Anders erging es dem Kieler Autor Feridun Zaimoğlu mit *Kanak Sprak*. Die Erfindung einer deutsch-türkisch-englischen Mischsprache als Reaktion auf die alltägliche Diskriminierung

Jugendlicher erregte beim Erscheinen des Buches 1995 großes Aufsehen und inspirierte zudem die KanakAttack-Bewegung, zu deren Gründungsmitgliedern Zaimoğlu gehörte und die die Multikulti-Bewegung als gutmenschlerische Pseudoveranstaltung betrachtet. Heute hat sich Zaimoğlu längst mit einer Reihe von vielfach ausgezeichneten Romanen und Erzählungen von seinem Underground-Image befreit.

Von Neuer Musik bis zur Gangsta-Rapper-Musik

Noch nie in der Geschichte der Hochschule für Musik Hanns Eisler hatte ein elfjähriges Mädchen die Aufnahmeprüfung für das Studium von Komposition/Klavier geschafft – bis 1996 Sinem Altan kam. Das 1985 in Ankara geborene Wunderkind der klassischen Musik hatte vom türkischen Staat ein Stipendium erhalten, um ihre musikalische Ausbildung in Berlin fortzusetzen. Nach ihrem Diplom in Komposition und Klavier begann sie 2006 in Freiburg ein Solistenstudium im Studiengang Komposition. Die mehrfach preisgekrönte Komponistin präsentiert im Rahmen des jährlichen Festivals Neuer Musik *Klangwerkstatt Berlin* eigene Werke, darunter ihre Kurzoper *Mesir-Pastillen.* Wie die aus 41 Kräutern bestehende Medizin des Arztes Mesir, der sie 1522 entwickelt haben soll, ist dieses Werk in zwei Bildern eine Synthese türkischer Kunstmusik und abendländischer Klassik. Gemeinsam mit der Sängerin Begüm Tüzemen und dem Bağlama-, Mey- und Gitarrespieler Özgür Ersoy bildet sie das Ensemble *Yeniliğe Doğru,* das traditionelle türkische Musik mit Klassik, Jazz und anderen Stilrichtungen verknüpft. Auch in ihrem Projekt *Türkei von gestern bis heute* verbindet und bearbeitet Altan verschiedene türkische Musikströmungen und ergänzt sie mit eigenen Kompositionen.

Die Stilrichtungen türkischer Musik sind vielfältig und weisen zahlreiche Untergruppierungen oder auch Überschneidungen auf. Neben der höfischen Kunstmusik und der klassischen Musik westlicher Ausrichtung gibt es religiöse Musik sowie eine Bandbreite traditioneller Volksmusik und Unterhaltungsmusik. Wie die Art der Musik ist auch die Szene der Musiker und Musikerinnen unüberschaubar. Neben einer Vielzahl von Chören und Ensembles, die in ihrer Freizeit singen und spielen, lebt ein Großteil der professionellen Musiker in Berlin davon, auf Hochzeiten zu spielen oder Musikunterricht zu geben. Für klassisch ausgebildete Musikerinnen wie Sinem Altan oder den Spieler der Bağlama (Langhalslaute) Taner Akyol, der ebenfalls an der Hochschule für Musik Hanns Eisler Komposition studiert hat, ist es nicht leicht, Aufführungsorte für ihre musikalischen Synthesen zu finden.

Türkeistämmige Musiker und Musikerinnen der E-Musik sind in den heiligen Hallen Berliner Hochkultur ein seltener Anblick. Doch 2007 gab es gleich zwei Initiativen, die dies ändern wollten. Die Philharmonie lud zu ihrer Kammerkonzertreihe *Alla turca*, die als ein »kultureller Dialog zwischen Orient und Okzident« konzipiert wurde, Musiker aus der Türkei ein. Und die von den Rundfunkorchestern und Chören Berlins (roc Berlin) 2007/2008 organisierte deutsch-türkische Konzertreihe *KlangKulturen* wurde in Kooperation mit dem Berliner Musiker Nuri Karademirli und des von ihm und seiner Frau Halime 1998 gegründeten Konservatoriums für Türkische Musik Berlin veranstaltet. Karademirli dirigierte eine eigens zu diesem Anlass komponierte und vom Ensemble des Konservatoriums aufgeführte Suite. Der Musiker stand bereits als Kind mit der Kurzhalslaute (Ud) auf der Bühne und absolvierte eine musikalische Ausbildung in Istanbul, bevor er 1969 nach Berlin kam. Heute ist der Komponist, Chorleiter, Dirigent und Dozent an der Berliner Universität der Künste für die musikalischen Inhalte des Konservatoriums verantwortlich, während seine Frau die Organisation leitet. Die private Musikschule veranstaltet regelmäßig Auftritte ihres Ensembles, ihrer Chöre für türkische klassische Musik und traditionelle Musik sowie ihrer Volkstanzgruppe. Sie bietet neben dem Instrumentenstudium, dem Gesang und Tanz auch eine Ausbildung zum Zupfinstrumentenbauer (Bağlama, Ud, Tanbur und Buzuk) an.

Mit der traditionell ausgerichteten Musik haben viele aus der jüngeren Generation nicht viel am Hut. Bei einer kleinen, nichtrepräsentativen Umfrage unter 18-jährigen, welche Musiker sie mögen, fallen die Namen Tarkan, Ceza, Killa Hakan, Kool Savaş, Mehmet und Murat, Pinar. Es ist eine bunte Mischung von Pop, Rap und Hiphop, von Sängern, die aus der Türkei oder Deutschland kommen, oder auch in Berlin leben, wie Killa Hakan. Er ist in Kreuzberg geboren und kultiviert seine Herkunft: 2007 erschien sein fünftes Album unter dem Titel *Kreuzberg City*. Der sich in der Tradition amerikanischer Gangsta Rapper verstehende Sänger machte bei der heute legendären Kreuzberger Hiphop-Gruppe *Islamic Force* mit. Der Name der Gruppe sollte zwar provozieren, hatte aber in ihrem Gründungsjahr 1986 keineswegs die gleiche radikale Konnotation wie heute. Killa Hakan dazu in einem Zeitungsinterview: »Ich bin türkischer Kreuzberger. Islamist bin ich nicht. Ich glaube an Gott, das ist alles. Man muss aber die Zusammenhänge kennen: Stell dir vor, die Türken leben in Deutschland und kein deutsches Kind will mit uns reden. Und da haben wir gesagt: jetzt machen wir eine Mauer gegen die – *Islamic Force*.« *Islamic Force* begründete den Oriental Hip Hop, der allerdings nicht die wirtschaftlichen Erfolge hatte wie der deutschsprachige HipHop und in der Türkei mehr Nachahmer und Anhänger fand als an seinem Entstehungsort Deutschland. Hier bekannter wurde die inzwischen aufgelöste Rappergruppe Cartel, zu der auch der Berliner Erci E. gehörte, sie löste die HipHop-Welle in der Türkei aus und genießt dort Kultstatus.

Zu den bis heute erfolgreichsten Berliner Gangsta Rappern gehört Kool Savaş, der für seine aggressiven und sexuell provokanten deutschen Texte berühmt wurde. Vom HipHop zu einer Art »Orientalischen Club Pop« (Daniel Bax) hat sich die Musik von Aziza-A. entwickelt, die mit ihrem ersten Album *Es ist Zeit* 1997 als rebellische Rapperin gefeiert worden war und 2002 ihr rein türkischsprachiges Album *Kendi Dünyam* vorlegte. Seit 1998 präsentiert sie auf Radio Multikulti die Sendung *Haydi Hop*. Dort stehen »von den alten Klassikern der Folklore über Arabesk bis zur heutigen Popmüzik und Oriental HipHop ganz unterschiedliche Genres nebeneinander und verschmelzen zu einem farbigen, unterhaltsamen Bild der populären türkischen Musik und Kultur«, wie es in der Selbstbeschreibung der Sendung heißt.

Auf Repräsentanten der hohen Politik hat sich Muhabbet eingelassen: Im November 2007 übte der Sänger mit dem deutschen Außenminister Frank-Walter Steinmeier und dem französischen Außenminister Bernard Kouchner sowie anderen jungen Künstlern das Deutschland-Integrationslied ein: »Deutschland, warum verschließt du dich? Deutschland, leg deine Karten auf den Tisch! (…) Komm runter, komm endlich klar, versteh mich und nimm mich wahr, dein Urteil ist nicht wahr, vergiss' doch mal das schwarze Haar« heißt es darin.

Der Künstlername des Musikers, der mit bürgerlichem Namen Murat Ersen heißt, ist Programm: Muhabbet bedeutet soviel wie »freundschaftliches, inniges Gespräch«. Der sympathische Sänger gehört zu den wenigen Musikern mit türkischem Hintergrund, die es in die deutschen Charts geschafft haben. Er hatte das Lied *Sie liegt in meinen Armen* ins Internet gestellt, wo es zum Renner wurde. Daraufhin bekam er einen Plattenvertrag. Seinen Stil, der von deutlichen Anleihen bei Soul und R'n'B geprägt ist, nennt er »R'n'Besk« in Anspielung auf türkische Arabesk-Musik, die für westliche Ohren besonders orientalisch klingt, da sie mit

Drittel- und Anderthalb-Tonabständen arbeitet. Muhabbet singt voller Herz und Schmerz von Liebe und Liebeskummer. Der gut aussehende Kölner, der seit einiger Zeit in Berlin lebt, lässt kein Auge trocken und selbst in der Türkei werden seine Lieder auf Deutsch mitgesungen. Inzwischen spielt er seine Titel auch auf Türkisch ein. Für die Türkei sang er den EM-Song 2008. Und im Kammermusiksaal der Berliner Philharmonie trat er mit Kindern auf und entwickelte daraus Philhar'n'Besk. Männer wie er gehören »zu einer Spezies, die es eigentlich gar nicht geben dürfte«, so der Journalist Daniel Bax, »wenn man Leuten wie der Soziologin Necla Kelek (Die fremde Braut) glaubt: Machos mit Herz, die so gar nicht dem Klischee des wilden Ghetto-Anatoliers entsprechen, das in den Medien so gerne aufgewärmt wird.«

Vielstimmig – die Rolle der Religion

Seit den Anschlägen am 11. September 2001 in den USA haben es auch die Berliner Muslime schwerer als vorher. Der Generalverdacht, Keimzelle des terroristischen Fundamentalismus zu sein, schwebt über jeder *camii* (größere Freitagsmoschee) und jedem noch so kleinen *mescid* (Gebetshaus/raum) in den Hinterhöfen, alten Fabrikgebäuden oder ehemaligen Ladenlokalen Berlins. Hinzu kommt, dass es trotz der Vorstellung von der *Umma*, der Gemeinschaft aller Muslime, kein zentrales Organ gibt, das für alle Muslime sprechen kann. Im Gegenteil: Die Vielzahl an Moscheevereinen und Dachverbänden macht es nicht leicht zu überschauen, wer welche Einstellung hat. Der größte Dachverband ist die *Türkisch-Islamische Union der Anstalt für Religion*, kurz DITIB genannt. Sie steht der türkischen Regierung nahe und bezieht ihre theologisch ausgebildeten Imame über das staatliche *Amt für Religionsangelegenheiten.* DITIB ist im interreligiösen

Dialog stark engagiert und gilt als Vertreterin eines modernen, moderaten Islam. Ein zweiter wichtiger Verband und mit seiner Gründung 1979 einer der ältesten Deutschlands ist die *Islamische Föderation Berlin*, ihr gehören ebensoviele Vereine an wie der DITIB. Sie kooperiert mit der *Islamischen Gemeinschaft Mili Görüş* (IGMG) hinsichtlich religiöser Dienstleistungen, wie der Organisation von Pilgerfahrten, wehrt sich aber dagegen, mit dieser in eine ideelle Verbindung gebracht zu werden, denn *Mili Görüş* wurde vom Verfassungsschutz als verfassungsfeindlich eingestuft, unter anderem weil sie sich antisemitisch geäußert haben soll. Das ist allerdings schon eine Weile her. Die IGMG selbst sagt von sich, in einem Reformierungsprozess zu sein, ihr gehören in Berlin offiziell keine Moscheevereine an.

Der *Verband der Islamischen Kulturzentren* (VIKZ) mit neun Gemeinden in Berlin versteht sich als »mystische Laienbewegung« in der Tradition des türkischen Oppositionellen Süleyman Hilmi Tunahan und legt besonderen Wert auf das gemeinschaftliche Beten und Koranstudium. Der VIKZ war Mitbegründer vom *Zentralrat der Muslime Deutschlands* (ZMD) und dem *Islamrat für die Bundesrepublik Deutschland* (IR), trat aber aus beiden Bundesverbänden nach einigen Jahren wieder aus. Bis auf die Islamische *Föderation Berlin* sind alle genannten Organisationen an der von Bundesinnenminister Wolfgang Schäuble initiierten Islamkonferenz direkt oder indirekt beteiligt. Auf dieser Konferenz wurde im April 2007 ein *Koordinierungsrat der Muslime in Deutschland* gegründet, der die Zusammenarbeit der einzelnen Gruppierungen befördern soll. Vor Jahren hörte man viel über die *Grauen Wölfe* in Berlin, wie die Mitglieder der nationalistischen Partei MHP genannt werden. Dieser Partei stehen die *Türkisch-demokratischen Idealistenvereine in Europa e.V.* nahe, zu denen auch die *Türkische Föderation Berlin* gehört. Ihr gehören allerdings nur zwei Moscheevereine an. Was »die Muslime« sind, ist

Das Alevitische Kulturzentrum in Berlin bietet Kurse und Veranstaltungen für jede Altersgruppe.

ebenso vielschichtig wie ihre Organisationsstruktur. Es gibt zahlreiche Richtungen und verschiedene Rechtsschulen mit komplexen inhaltlichen Unterschieden. Wenn von »dem« Islam die Rede ist, sollte dies mitbedacht werden. Dass Werte und Normen bestimmter islamischer Gruppen nur schwer mit dem Grundgesetz in Einklang zu bringen sind, bestreiten selbst Muslime nicht. Dass manche orthodoxen Regeln, besonders im Geschlechterverhältnis, das Miteinander in der deutschen Gesellschaft erschweren, wird ebenfalls nicht geleugnet. Seitdem vor gut 20 Jahren in der Türkei eine Lockerung der staatlichen Definitionsmacht von Religion begonnen hat, kämpfen kemalistisch-laizistische, orthodox-islamische und republikanisch-islamische Gruppen um ihre Position. Aleviten begannen sich öffentlich bemerkbar zu machen. Dieser Konkurrenzkampf ist auch in Deutschland bzw. Berlin spürbar. Zwei Drittel der in Deutschland lebenden drei Millionen Muslime sind türkischer oder kurdischer Abstammung. Gut 700 000 Muslime besitzen die deutsche Staatsbürgerschaft.

Nach Senatsumfragen in den Jahren 1993, 1999 und 2001 gehen nur etwas mehr als ein Drittel der Berliner Türken regelmäßig in die Moschee, mehr Männer als Frauen und mehr Ältere als Jüngere. Insgesamt gab es keinen großen Anstieg an Moscheegängern, nur bei den unter 35-jährigen wurden es zwischen 1993 und 1999 etwa zehn Prozent mehr. Bis auf die Hochrechnungen durch Umfragen existieren keine konkreten Zahlen darüber, wie viele der türkeistämmigen Bewohner Berlins praktizierende Muslime sind, da es weder ein zentrales Register gibt für Gläubige, noch die Moscheevereine über genaue Zahlen der »Nutzer« ihrer Moschee verfügen. Insgesamt lebten 2005 etwas mehr als 200 000 Menschen aus muslimisch geprägten Ländern in Berlin. Die Gläubigen unter den türkeistämmigen Berlinern und ihren Kindern sind überwiegend sunnitischer Ausrichtung. Der Name der Sunniten leitet sich ab von *Sunna*, der Gesamtheit der überlieferten Lehrsätze und Verhaltensweisen Mohammeds. Im Gegensatz dazu glauben die Schiiten, dass der Cousin Mohammeds, Ali ibn Ali Talib, dessen Nachfolger ist und sich die Kalifen aus seiner Linie rekrutieren müssen. Daraus entwickelten sich andere Glaubensinhalte und Praktiken. In Berlin existieren auch einige sufistische Gemeinden mit türkischen Mitgliedern. Diese mystische Richtung im Islam hatte im Zuge der Hippiebewegung in den siebziger Jahren auch Anhänger in Deutschland gefunden. In Schöneberg und Neukölln gibt es zwei Moscheen, in denen die traditionelle Zikr-Zeremonie abgehalten wird. In einem kleinen Brandenburger Ort, in Trebbus, besteht ein Sufizentrum in der Tradition des Mystikers Dschalal ad-Din Rumi, genannt Mevlana, das auf die Gründung eines deutschstämmigen Sufi Anfang der siebziger Jahre zurückgeht. Die tanzenden Derwische gelten heute in der Türkei als Touristenattraktion, jahrzehntelang waren sie verboten. Etwa ein Drittel der türkeistämmigen Berliner sind Aleviten. Die »Kuschelvariante des Islam«, wie Şinası Dikmen in seinem Kabarettprogramm »Islam für Anfänger« das Alevitentum nennt, ist stärker von der Mystik geprägt und weniger orthodox als der sunnitische und schiitische Glaube. Aleviten sind nicht zur Einhaltung der fünf Säulen des Islams verpflichtet, dürfen Alkohol trinken und kennen keine strenge Geschlechtertrennung. In ihrem Gottesdienst, Cem, spielen Musik und ritueller Tanz eine große Rolle. Die als Religionsgemeinschaft anerkannte Gruppe erteilt an 21 Schulen in Berlin alevitischen Religionsunterricht. Christliche Glaubensgruppen, die aus der Türkei ausgewandert sind bzw. fliehen mussten, findet man in Berlin mehrere, unter ihnen Aramäer, die seit 1975 eine eigene Gemeinde in Berlin haben. Inzwischen bemüht sich eine Stiftung unter der Schirmherrschaft von Barbara John um den Erhalt und die Förderung des aramäischen Kulturerbes. Seit 1923 gibt es eine Armenier-Gemeinde in Berlin, die damit die älteste in Deutschland ist. Heute leben 1300 bis 1500 Armenier aus verschiedenen Ländern in Berlin, etwa hundert Familien sind Mitglied der *Armenischen Kirchen- und Kulturgemeinde Berlin e.V.*, wie die Gemeinde heute heißt.

Die Moscheen

Wenn im Sommer die Sonne scheint, sitzt man im Hof der Şehitlik-Moschee am Columbiadamm sehr schön. Jeder kann dort hinkommen, einen Tee trinken und »nur so« herumschauen. Die 2004 entstandene Moschee mit prächtigem Dekor im Innenraum, zwei Minaretten und großer Kuppel ist nicht die älteste – bereits 1925 wurde in der Brienner Str. 7/8 eine Moschee von der indischstämmigen Ahmadiya-Gemeinde eingeweiht –, zweifellos aber die schönste in Berlin; was allerdings auch nicht so schwer ist, da die Mehrzahl der insgesamt 80 Moscheen und kleinen Gebetsräume sich bis heute wenig sichtbar in Hinterhöfen und alten

Fabrikgebäuden befindet. Es gab keine Proteste von deutscher Seite gegen den Bau der Şehitlik-Moschee, wahrscheinlich auch deshalb, weil sie nicht in einem dichten Wohngebiet liegt, sondern am Rand des Flughafens Tempelhof.

Moscheen dienen nicht allein als Ort der Religionsausübung, sondern sind häufig auch Beratungsstellen und Kulturzentren, die Koran- und Sprachunterricht, Computerkurse und andere Aktivitäten anbieten. Ihnen wird von deutscher und laizistisch-türkeistämmiger Seite gern eine separierende Funktion unterstellt. Denn man weiß nicht genau, welche Inhalte dort gepredigt und gelehrt werden. Für manche türkeistämmigen Laizisten ist Religion an sich das Übel, andere sind durchaus gläubig, fürchten aber die schleichende Islamisierung der Türkei und damit das Schwinden der Verdienste der Modernisierung. Eine Studie des Senats aus dem Jahr 2006 zum islamischen Gemeindeleben in Berlin stellt die integrativen Potentiale der Moscheen heraus. Sie können demnach ein kommunikatives Gelenk zwischen Migranten und Alteingesessenen bilden. Transparenz ist wichtig. Der »Tag der offenen Moschee« ist eingerichtet worden, um dem einen Schritt näherzukommen.

Um den sowohl inner- als auch interreligiösen Dialog zu befördern, wurde im Juni 2004 die *Muslimische Akademie in Deutschland* mit Geschäftsstelle in Berlin gegründet. Sie hat namhafte deutsche Organisationen als Kooperationspartner, zum Beispiel den Beauftragten des Senats von Berlin für Integration und Migration. Mit ihm hat sie im November 2005 das *Islamforum Berlin* gegründet, das sich auch mit der Fortbildung von Imamen und muslimischen Seelsorgern befasst. Die Akademie gehörte zu den Mitveranstaltern eines 24-stündigen Lesemarathons aus der Bibel und dem Koran im April 2008 in Berlin, an dem zahlreiche Prominente teilnahmen. Diese Veranstaltung soll in den nächsten Jahren von London über Istanbul und New York bis nach Jeru-

Die Şehtlik-Moschee am Columbiadamm bietet regelmäßig Führungen für interessierte Berliner und Touristen an.

salem führen und den Dialog zwischen den Religionen weltweit anregen.

Auf lokaler Ebene sind in den letzten Jahren eine ganze Reihe von Initiativen mit Beteiligung von Moscheevereinen und christlichen Kirchen, Schulen, Quartiersmanagements, Stadtteilinitiativen und Berliner Polizei entstanden, die sich zum Ziel gesetzt haben den Dialog zu befördern. Das sind wichtige Schritte, gleichzeitig darf man nicht zu hochgeschraubte Erwartungen haben, wie der Islamwissenschaftler und Quartiersmanager Reinhard Fischer meint, denn die Moscheevereine erreichen nicht die gesamte Bandbreite der Migranten und sind weder deren Sprecher noch für die möglichen sozialen Probleme im Umfeld verantwortlich. Sie sind keine riesigen Apparate mit viel Geld, sondern auf Spenden und ehrenamtliche Mitarbeiter angewiesen, von deren Engagement und Interesse es abhängt, wie die Kommunikation verläuft.

Früher waren Moscheen in erster Linie Orte, an denen die Menschen in Ruhe beten wollten, heute müssen sie sich gesellschaftspolitisch positionieren, nach außen hin auftreten und auch immer wieder ihr Verhältnis zum Fundamentalismus verdeutlichen.

Das erfordert für die Moscheevereine eine stärkere Professionalisierung ihrer Sprecher. Inzwischen ist eine jüngere Generation nachgewachsen, die genügend Sprachkenntnisse und eine entsprechende Ausbildung hat, um auf die Kommunikationswünsche deutscher Organisationen eingehen zu können und auch selbst den Dialog zu suchen. Vorbildlich wirkt in diesem Zusammenhang die Şehitlik-Moschee, die mit viel ehrenamtlichem Engagement die große Nachfrage nach Führungen und Informationen bewältigt. Junge Frauen und Männer erklären dort auf angenehme und lockere Art die Grundsätze und religiösen Praktiken des Islams.

Streitpunkt Religionsunterricht

Da die Moscheevereine keine Körperschaft des öffentlichen Rechts sind, haben sie auch nicht deren Rechte, etwa die Mitwirkung an öffentlichen Entscheidungen und die Erteilung von Religionsunterricht an öffentlichen Schulen. Religionsunterricht fand lange Zeit ausschließlich in Verbindung mit dem muttersprachlichen Ergänzungsunterricht außerhalb der regulären Unterrichtszeit statt. Organisiert wurde er von der *Türkisch-Islamischen Union der Anstalt für Religion*, die im staatlichen türkischen Auftrag und bevollmächtigt vom Türkischen Generalkonsulat handelte. Die *Islamische Föderation* bemüht sich seit 1980 um die Erlaubnis zur Erteilung von Religionsunterricht. Ihre mehrmalige Klage vor dem Berliner Verwaltungsgericht wurde mit der Begründung abgewiesen, dass ihre Organisationsstruktur nicht den Erfordernissen einer Religionsgemeinschaft entspreche. Nach der Berufung vor dem Oberverwaltungsgericht wurde ihr Ende 1998 das Recht auf Unterrichtserteilung zugesprochen. Auf türkischer wie auch auf deutscher Seite gab es Proteste, weil die *Islamische Föderation* als orthodox gilt und man fürchtet, dass von ihr ein antiwestliches Weltbild vermittelt werde. Der Schulsenat initiierte in Konkurrenz zum Unterricht der Föderation einen Modellversuch »Islamkunde/Ethik« an fünf Grundschulen.

Ein Streitpunkt beim Thema Schule liegt auch dann vor, wenn Mädchen nicht auf die Klassenfahrt mitkommen dürfen oder nicht am Schwimmunterricht teilnehmen. Für Sanem Kleff, die das europäische Projekt »Schule ohne Rassismus – Schule mit Courage« in Deutschland leitet, ist keineswegs die Religion allein Schuld daran, sondern »eine schwer zu entwirrende Gemengelage aus Religion, Tradition und Islamismus«. Gleichzeitig sind diese Fälle weniger häufig als allgemein angenommen wird. In den vergangenen drei Jahren wurden insgesamt 25 Anträge auf

In der Aziz Nesin-Grundschule werden deutsche und türkische Kinder zweisprachig unterrichtet.

Befreiung vom Schwimmunterricht gestellt, dreien wurde stattgegeben. Kleff bemängelt, dass die Diskussion über den Islam zu aufgeregt geführt, zwischen den religiösen Werten der gläubigen Großmutter und den politischen Überzeugungen des Islamisten nicht differenziert wird und Reaktionen oft überzogen sind.

Regeln, Rituale und Feste

Der Islam ist, wie Gerdien Jonker es formuliert, keine »Organisationsreligion, sondern basiert auf der Lebensführung des Individuums. Er ist eine Laienreligion. Da spielt die Praxis, also die Art und Weise, wie man lebt, eine zentrale Rolle und nicht die Theologie.« Das Kopftuch ist inzwischen zum Symbol der Auseinandersetzung um Laizismus und Islam, um Menschenrechte und religiöse Werte, um Emanzipation und Unterdrückung geworden. In der Türkei ist es wegen des Laizismus verboten, im Westen denken viele: Kopftuch gleich unterdrückte Frau. Wer sich mit Kopftuchträgerinnen unterhält, wird schnell feststellen, dass es so einfach nicht ist. Das Verbot ein Kopftuch zu tragen sehen manche Frauen als Verbot ihrer Religionsausübung, sie fühlen sich diskriminiert und pochen auf ihr Selbstbestimmungsrecht. So manche von ihnen studiert und sieht ihre Zukunft keineswegs am häuslichen Herd. Andere Frauen glauben, dass ihre individuelle Freiheit in Gefahr ist und wittern die Benachteiligung der Frau, die kein Kopftuch trägt, weil sie möglicherweise als keine »gute Muslimin« angesehen wird. Sie halten das Kopftuch für unnötig, da es im Koran keine eindeutige Stellungnahme dazu gibt. Auch wenn im Berliner Straßenbild Frauen mit Kopftuch seit den 90er Jahren viel häufiger zu sehen sind, bedeutet das längst nicht, dass sie fundamentalistisch eingestellt sind.

Während die Verhüllung des weiblichen Körpers keineswegs eindeutig im Koran festgelegt ist, gibt es andere Regeln, die klar formuliert sind. Wie im Judentum das Essen koscher sein muss, muss es im Islam *halal* sein, um genossen werden zu können. *Halal* bedeutet, dass keine Tiere oder Bestandteile dieser Tiere gegessen werden, die selber Fleischfresser sind oder die nicht geschächtet wurden. Zwischen *halal* und etwas, was verboten ist, *haram,* gibt es eine Grauzone, die *mekruh* genannt wird. Der Alkohol- und Tabakkonsum beispielsweise wird unterschiedlich bewertet, Rauschgifte sind hingegen strikt haram.

Zu den wichtigsten Festen im Islam gehört zum Fastenende şeker bairamı, das Zuckerfest, zu dem die Kinder reich mit Süßigkeiten beschenkt werden. Nachdem im Monat Ramadan nur nach Sonnenuntergang gegessen und getrunken wird, feiert man das Fastenbrechen bei dem gemeinsamen Iftar-Essen. Etwa zehn Wochen nach dem Fastenbrechen beginnt die Haji, die Pilgerfahrt nach Mekka. Jeder gläubige Muslim sollte sie einmal in seinem Leben gemacht haben. Der Höhepunkt dieser Haji ist das Opferfest, kurban bairamı, das auch von den Zuhausegebliebenen gefeiert wird. Wer es sich leisten kann, spendet ein Opfertier, dessen Fleisch mindestens zu einem Drittel an Bedürftige gespendet wird.

Im Laufe seines Lebens wird ein Muslim von verschiedenen Ritualen begleitet. Ein Neugeborenes erhält seinen Namen buchstäblich eingeflüstert – dreimal haucht ihm der Imam den Namen ins Ohr. Für die Jungen ist ein zentrales Ereignis im Leben die Beschneidung etwa im Alter von sechs Jahren. Wie kleine Könige ausstaffiert, mit Umhang und Zepter, müssen sie die Prozedur über sich ergehen lassen, um hinterher von Verwandten und Bekannten reich beschenkt zu werden. Richtig erwachsen wird man nach der Tradition allerdings erst durch die Heirat und Gründung einer Familie. Neben der Beschneidung gehören das Abrasieren der Schamhaare, das Schneiden der Finger- und Fußnägel, die Entfernung der Achselhaare und das Kurzschneiden des Schnurrbarts zu einer im religiösen Sinne »anständigen« Körperpflege.

Mit der wachsenden Zahl älterer türkeistämmiger Menschen in Berlin steigt die Anzahl derjenigen, die hier sterben. Das »Sterben in der Fremde«, wie es von vielen der ersten Generation empfunden wird, bereitet emotionale Schwierigkeiten, denn damit ist die gescheiterte Rückkehr, die Hoffnung, doch noch seinen Lebensabend in der Türkei zu verbringen besiegelt. Die Mehrheit der älteren Türken möchte in der Heimat beerdigt werden und lässt sich nach dem Tod in die Türkei überführen. Abgesehen davon, dass viele aus emotionalen Gründen nicht in Deutschland bestattet sein möchten, gibt es auch rechtliche Unterschiede im Bestattungswesen, die sich kaum miteinander in Einklang bringen lassen. Die zweite oder dritte Generation wird nicht unbedingt an einer letzten Ruhestätte in der Türkei festhalten. Es gibt in Deutschland an verschiedenen Orten muslimische Sektionen auf christlichen Friedhöfen, doch vielen fehlen Räumlichkeiten für die Bestattungsrituale. Eigene Friedhöfe einzurichten, ist den Moscheevereinen bisher verwehrt, da sie den dafür notwendigen Status einer Körperschaft öffentlichen Rechts nicht besitzen. Eine einzigartige Einrichtung in Deutschland ist der muslimische Friedhof an der Şehitlik-Moschee am Columbiadamm in Neukölln. Da er allerdings voll belegt ist, findet dort nur die Trauerfeier statt, das Begräbnis ist dann in einem Bereich des Landschaftsfriedhofs in Berlin-Gatow.

Integration = Assimilation? – die Integrationsdebatte

»Bei uns in der Klasse gibt es drei Ausländer, einer aus Russland, der andere Albaner und ein Araber. Die anderen sind Türken.«

Can, 1994 in Berlin geboren

»Ich kann es nicht mehr hören«, »ist doch alles Gerede«: Wer türkeistämmige Menschen über die Integrationsdebatte befragt, wird schnell auf Reaktionen wie diese stoßen. Integration ist zu einem großen Thema in Politik und Gesellschaft geworden, sämtliche Bundes- und Ländereinrichtungen, die sich früher mit »Ausländerfragen« befassten, kümmern sich heute um »Integrations- und Migrationsfragen« und werden auch namentlich so gefasst. Das Bundesamt für Migration und Flüchtlinge hat sogar ein entsprechendes Internetportal eingerichtet: www.integration-in-deutschland.de. Zweimal fand bereits ein Integrationsgipfel in Berlin statt. Ein etwas anderer »Gipfel der Integration« fand »aus der Überzeugung heraus, dass multiple Zugehörigkeiten die Regel und nicht die Ausnahme sind« im Mai 2008 in der Berliner Volksbühne statt, organisiert von Andreas Fanizadeh und

Schorsch Kamerun. Ihr klares Statement dazu: »Die eindimensionale Aufteilung der Welt nach wenigen Zugehörigkeiten bringt nichts. Sie stiftet vor allem Konkurrenz, Überheblichkeit und stumpfe Gewalt.« Vor allem in der künstlerischen Szene verweigern viele die Ethnisierung ihrer Person. Andere wiederum hegen den Verdacht, dass mit Integrieren wohl eher Assimilieren gemeint ist, auch wenn in der Politik das Wort »Assimilieren« so gut wie nicht vorkommt. »Integrierst du noch oder assimilierst du schon?« fragte Radio Multikulti ironisch in einer Interview-Serie. Der Radiosender des RBB, dessen Programm von Deutschen wie von den meisten anderen Ethnien der Stadt gehört wird und damit einen echten Beitrag zu Integration leistet, wird Ende 2008 aus Spargründen eingestellt.

Die in der öffentlichen Debatte verwendeten Begriffe sind inhaltlich keineswegs eindeutig. Unter »assimilieren« verstehen viele derjenigen, die es tun sollen, sich vollständig anpassen und die türkischen Wurzeln negieren zu müssen. Das lehnen selbst diejenigen ab, die nicht der Meinung des türkischen Ministerpräsidenten Erdoğan sind, der während seines Deutschland-Besuchs 2008 geäußert hatte, Assimilation sei ein Vergehen gegen die Menschlichkeit. Erdoğans Motiv für diese Bemerkung mag politisches Kalkül gewesen sein, doch in der Sache hat er einen Nerv getroffen. Was die Karikaturisten Greser und Lenz zeichnerisch überspitzen, kommt der Realität sehr nahe: In der aufgeregten Berichterstattung nach Erdoğans Rede wurden die »guten Türken« vorgeführt. So brachte eine große Berliner Tageszeitung einen ganzseitigen Bericht über den Schützenkönig einer bundesdeutschen Kleinstadt mit türkischer Herkunft. Es ist nichts gegen den türkischen Schützenkönig zu sagen, aber ist dies der richtige Ausdruck von Integration?

Während so mancher Deutsche unter Integration die individuelle Anpassung an hiesige Sitten und Gebräuche versteht, sehen

Ein Kommentar zur Integrationsdebatte von Greser&Lenz, Frankfurter Allgemeine Zeitung.

Migranten-Verbände primär die Notwendigkeit politischer Veränderungen: »Wer Integration fordert, muss Partizipation fördern.« So hieß das Motto des Bundeskongresses der *Türkischen Gemeinde in Deutschland* (TGD) im Juni 2008. Schon zum Integrationsgipfel der Bundesregierung 2006 hatte die TGD eine »Gleichstellungs- und Partizipationspolitik statt Ausländerpolitik« gefordert und Integration als »Zusammenleben von Menschen unterschiedlicher nationaler, ethnischer und religiöser Herkunft auf der Basis unseres Grundgesetzes« definiert. »Rechtsgleichheit und gleiche Teilhabechancen an politischen gesellschaftlichen Entscheidungsprozessen sowie im Bildungswesen und in der Arbeitswelt« seien dafür die Grundlage. Ihr Vorsitzender Kenan Kolat fordert, dass die gesamte Bildungspolitik mehr Rücksicht auf Kinder mit Migrationshintergrund nehmen müsse. Interessanterweise sind es nicht nur türkischstämmige Kinder, die zu den häufigsten Schulabbrechern gehören. Dies betrifft genauso andere Migrantengruppen wie die Italiener. Unter ihnen gibt es mehr Schulabbrecher als unter den türkischen. Die vielen Schulabbrecher lassen sich also nicht einfach mit der »anatolischen Bildungsferne« begründen. Es geht um das deutsche Bildungssystem, das offensichtlich für Nichtdeutsche ein Integrationshemmnis ist. Riza Baran vom Migrationsrat Berlin-Brandenburg bemängelt, dass das Erlernen der deutschen Sprache im Fokus der Integration steht, die »sozioökonomische Integration und die rechtliche Gleichstellung« aber »unter ›ferner liefen‹ rangieren.«

Einsatz für die Minderheit? – Türkeistämmige Politikerinnen und Politiker

Nicht alle der im Berliner Abgeordnetenhaus vertretenen Politiker und Politikerinnen befassen sich primär mit Integrationsfragen. So entschied sich Dilek Kolat, die in Berlin Wirtschaftsmathematik studiert hat, für die Haushaltspolitik. Als Mitglied im Finanz- und Haushaltsausschuss kann sie seit 2001 das Image der »türkischen Frau« zurechtrücken: »Es irritiert mein Publikum manchmal, wenn ich als jüngere, türkischstämmige Frau den Mund aufmache und über Finanzpolitik rede.« Es sitzen auffällig viele türkeistämmige Frauen im Berliner Abgeordnetenhaus im Vergleich zum Männeranteil. Neben Kolat ist es für die SPD auch die Charlottenburger Touristikfachwirtin Ülker Radziwill und die Friedrichshainer Rechtsanwältin Canan Bayram. Für Die Linke ist Evrim Helin Baba seit 1999 im Berliner Parlament. Sie ist frauenpolitische Sprecherin der Fraktion. Im Zusammenhang der Frauenplotik befasst sie sich mit Integrationsfragen, sie sagt Frauen mit Migrationshintergrund seien doppelt so stark von Diskriminierung und sozialer Ausgrenzung betroffen wie Männer. Wie ihre Partei betont auch sie: »Bisher gab es keine Integrationspolitik und kein Konzept, das die Menschen in die Mehrheitsgesellschaft integrieren wollte.«

Emine Demirbüken-Wegner ist seit 2004 Mitglied des CDU-Bundesvorstandes und seit 2006 Abgeordnete im Berliner Abgeordnetenhaus. Der langjährigen Ausländerbeauftragten von Schöneberg erscheint die Regierungspolitik der Vergangenheit keineswegs so negativ für Migranten. Sie habe sich allerdings nicht wegen der Migrationspolitik für die CDU entschieden, sondern wegen ihrer Familien-, Innen- und Sicherheitspolitik. Demirbüken ist eine gläubige Muslimin, hat aber keine Probleme mit dem christlichen Hintergrund ihrer Partei, zumal die Religionen viele Ähnlichkeiten aufwiesen, nur sei das kaum bekannt. Der interreligiöse Dialog ist ihr wichtig. Sie selbst befürwortet entgegen der CDU-Politik den EU-Beitritt der Türkei. Auch in anderen Fragen, wie z. B. der doppelten Staatsbürgerschaft oder der Verschärfung des Jugendstrafrechts, weicht ihre Haltung von der ihrer Fraktionskollegen ab.

Die Journalistin und Fernsehmoderatorin Bilkay Öney ist integrationspolitische Sprecherin der Grünen-Fraktion; wie Demirbüken wurde sie 2006 ins Abgeordnetenhaus gewählt. Und auch sie kennt Probleme mit der eigenen Fraktion. Als der hessische Ministerpräsident Roland Koch im Wahlkampf eine Debatte um Jugendkriminalität unter »Ausländern« angefacht hatte, sagte sie, dass das Thema durchaus seine Berechtigung habe und dass man über den Jugendstrafvollzug nachdenken sollte. Solch wenig parteipolitisches Kalkül konnte ihre Fraktion nicht gutheißen. Während manche lieber die Probleme nicht sehen wollen oder diese relativieren, meint Öney: »Ich kann Dinge sagen, die sich andere nicht trauen ... Ich sage den Jungs aus den Problemkiezen, dass sie mit jeder Prügelei, mit jedem Abziehen alles an guter Integrationspolitik zunichtemachen können, was bisher gelungen ist.« Sie kritisiert deutsche Politik ebenso wie Verhaltensweisen und Erwartungshaltungen der Migranten. Eins ist für sie aber auch klar: »Die Hintergründe von Gewalt und Kriminalität liegen nicht in der ethnischen Herkunft der Täter, sondern im sozialen Milieu, dem sie in der Regel entstammen.«

Diese sozialen Milieus sind Özcan Mutlu wohl vertraut. Der bildungspolitische Sprecher der Grünen, der seit 1999 Mitglied im Berliner Abgeordnetenhaus ist, kommt selbst aus einem Viertel mit hohem Anteil nichtdeutscher Bevölkerung. Er ist in der Öffentlichkeit gut präsent, wenn es um türkische Zusammenhänge geht. Er hat sich für die Städtepartnerschaft zwischen Kreuzberg und Kadiköy eingesetzt und die türkische Europaschule mitgegründet. In der Bildungspolitik folgt er den grünen Prämissen und plädiert für die Abschaffung des dreigliedrigen Schulsystems.

Im Vergleich zu Mutlu ist Giyasettin Sayan weniger präsent in der Öffentlichkeit, aber schon länger in der Politik tätig. Der Deutsche kurdischer Herkunft sitzt seit 1995 für die Linkspartei im Berliner Abgeordnetenhaus und war zunächst migrationspolitischer, später flüchtlingspolitischer Sprecher seiner Fraktion. Im Mai 2006 geriet sein Name in die Schlagzeilen, nachdem er vor seinem Wohnhaus in Lichtenberg überfallen worden war. Wie seine Fraktion befürwortet er das kommunale Wahlrecht für hier lebende Berlinerinnen und Berliner ohne deutschen oder EU-Pass.

Im Bundestag ist aus Berlin einzig Hakkı Keskin als Abgeordneter mit Migrationshintergrund vertreten. Keskin sitzt für Die Linke im Parlament; aus der SPD ist er nach langjähriger Mitgliedschaft schweren Herzens ausgetreten, nicht nur wegen ihrer »Ausländerpolitik«. Cem Özdemir, der für die Grünen im Europäischen Parlament sitzt, hat solche Probleme mit seiner Partei nicht. Der seit knapp zwei Jahren in Berlin-Kreuzberg 36 lebende Politiker hat gute Chancen, Ende 2008 ihr neuer Bundesvorsitzender zu werden.

Sinn und Unsinn von Zuschreibungen

Der rbb-Sender Radio Multikulti befragte im Frühjahr 2008 gemeinsam mit der Berliner Zeitung 100 Berliner aus aller Welt zu ihrer Sicht auf die Stadt, auf Deutschland, auf Vorurteile und den Heimatbegriff. Zu den Befragten gehört Shermin Langhoff. Sie kam als Neunjährige nach Nürnberg, seit 2008 ist sie künstlerische Leiterin des Ballhaus Naunynstraße. Wie ihr Nachname andeutet, ist sie mit einem Deutschen verheiratet. Binationale Ehen basieren im Glücksfall am ehesten auf dem, was man sich für die Integration wünscht: Normalität im Umgang mit der anderen Ethnie. Diese Normalität fehlt, wenn die »echten Deutschen« ihre Deutschkenntnisse loben und »mich so immer wieder als Ausländerin konstruieren«. Persönlich glaubt sie nicht an »Nationalcharakteristiken« und will einfach nur, dass »Diversität, Differenz und die Einzigartigkeit jedes Individuums« akzeptiert wird.

Auch die Journalistin Dilek Güngör möchte nicht die »Integrationstante« sein, »die sich ständig zur EU äußert oder zu türkischen Frauen, die geschlagen werden. Andererseits stehe ich nun mal in der Öffentlichkeit und habe auch einen Roman geschrieben, der in der Türkei spielt. Ich hätte ja auch über etwas anderes schreiben können.« Güngörs selbstkritische Äußerung weist auf das grundsätzliche Dilemma, das viele der jüngeren Menschen mit einem nichtdeutschen Hintergrund haben, die im Kulturbereich oder in den Medien tätig sind. Viele von ihnen wollen nicht auf die »Ausländerthemen« festgelegt werden, bekommen aber nur für sie Aufmerksamkeit oder Förderung, weshalb sie diese Erwartungen dann doch erfüllen.

Gleichzeitig lässt sich nicht leugnen, dass es ein wachsendes Bedürfnis gibt, mehr und anderes über »die Türken« zu erfahren, und es der dritten Generation wichtig ist, sich als selbstverständlicher Teil der Gesellschaft über die Bedingungen ihres Lebens hier zu äußern. Während die erste Generation der klassischen »Gastarbeiter« zu »Einwanderern wider Willen« (Werner Schiffauer) wurde, physisch zwar in Deutschland, emotional aber in der Türkei lebte, kämpfte die zweite Generation um ihren Platz in der deutschen Gesellschaft und lebte zwischen dem Türkischsein ihrer Eltern und dem Deutschsein ihrer Umgebung. »Du bist verdeutscht« hieß es, wenn der Jugendliche im Elternhaus aufmuckte. Gleichzeitig blieben sie für die Deutschen »die Türken« und wurden danach beurteilt, wie türkisch sie »noch« oder wie deutsch sie »schon« waren. Vom »doppelten Anerkennungsproblem« spricht Werner Schiffauer, der zahlreiche Gespräche mit allen Generationen geführt hat.

Auch wer beruflich erfolgreich ist, erlebt es immer noch, als »Gast« und nicht als Mitglied der Gesellschaft betrachtet zu werden. Safter Çinar, der seit 1967 in Berlin lebt, erzählt, wie erstaunt englische Journalisten seien, dass immer noch von »Ausländern« die Rede ist und es jetzt als Fortschritt gilt, von »Migranten« oder »Menschen mit Migrationshintergrund« zu sprechen.

Auf die Frage, welchem Vorurteil man ständig begegne, antworteten viele der von Radio Multikulti Befragten, dass Deutsche mit Verwunderung auf gute Deutschkenntnisse reagieren oder sich äußern wie: »Du siehst ja gar nicht wie eine Türkin aus.« Anders als ihre Eltern, die, um Anerkennung zu erlangen, besondere Anstrengungen auf sich nahmen, fordert die dritte Generation selbstverständlicher einen Platz in der Gesellschaft und ist nicht mehr bereit, die Opferrolle zu spielen. Der Begriff »Opfer« ist inzwischen bei vielen Jugendlichen ein beliebtes Schimpfwort. Die am Kapitelanfang zitierte Äußerung des 1994 geborenen Jungen zeigt deutlich, dass er sich selbst nicht als »Ausländer« wahrnimmt. Die Selbststilisierung als »Ausländer« in Opposition zum Deutschen geschieht dann, wenn die diskriminierende Zuschreibung durch das deutsche Umfeld wahrgenommen wird. Diese Opposition sollte man nicht als »Absage an die Zivilgesellschaft« missverstehen, meint Schiffauer, sondern sie sei eine Form von Identifikation ohne das »Stigma von Erniedrigung und Unterwerfung.« Dahinter stehe der Wunsch, »heimisch zu werden – trotz Ausländerfeindlichkeit«. Egal, wie man die Integrationspolitik bewertet: Es wäre schön, wenn, wie es sich der Journalist und Fotograf Deniz Yücel wünscht, in Zukunft endlich »mehr Normalität« im Umgang miteinander herrschen könnte.

Außer Arbeit nichts gewesen?

Türkischer Alltag in Berlin von A bis Z

Alt werden

Man sieht sie immer öfter, türkische Männer, die am Stock gehen, die sich mühsam fortbewegen, weil sie gebrechlich sind. Gut 190 000 über 60-jährige gibt es unter den türkeistämmigen Migranten in Deutschland, Tendenz steigend. Bis 2020 soll nach einer Prognose der Senatsverwaltung für Gesundheit allein in Kreuzberg, Wedding und Neukölln die Zahl der 65 bis 75 Jahre alten Türken um 100 Prozent, die der über 75-jährigen sogar um 400 Prozent steigen. Eins ist klar: Viele von ihnen bleiben oder pendeln, knapp 80 Prozent der Rentenansprüche wurden 2003 hier gestellt. Sie bleiben zumeist der Kinder und der Enkel wegen. Doch was wird aus denen, die sich nicht mehr ohne Hilfe versorgen können?

Traditionell kümmern sich die Kinder um die Eltern, doch die Familien in Deutschland leben mehrheitlich mit zwei, höchstens drei Kindern in zumeist gerade ausreichenden Wohnungen, die keinen Platz lassen für den Großvater oder die Großmutter. Auch wenn sich viele noch innerhalb der Familien behelfen, wird die Notwendigkeit von Altenbetreuung und Pflegeeinrichtungen zunehmen. Noch ist es bei den meisten nicht gut angesehen, die Mutter oder den Vater von Fremden pflegen zu lassen. Doch wer beruflich stark eingespannt ist, wer nicht immer vor Ort sein kann oder wer mit der Pflege überfordert ist, wird auf entsprechende Angebote zurückgreifen. Damit rechnet auch die Marseille-

Kliniken AG, die in Zusammenarbeit mit der *Türkischen Gemeinde zu Berlin* 2007 ein erstes privates Pflegeheim für türkische Senioren gegründet hat, das sich *Türk Bakim Evi* (Türkisches Pflegehaus) nennt.

Die Achtung der türkischen Lebensweise und Kultur ist das wichtigste Ziel der Einrichtung. Männer werden von Männern, Frauen von Frauen gepflegt, die Pflegerinnen und Pfleger sind zweisprachig, es gibt einen Gebetsraum und türkisches Essen. Die meisten Heimbewohner sind Männer, sie kommen aus Berlin, aber auch anderen Städten; viele von ihnen sind bereits in den höheren Pflegestufen. Neben dem *Türk Bakim Evi* oder Familienangehörigen kümmern sich fünf ambulante Pflegedienste um türkische Senioren in der Stadt.

Baklava

Mit dieser Süßspeise ist es wie mit vielen Dingen: Viele Völker reklamieren ihre Erfindung für sich und es gibt von ihr unzählige Varianten, die davon zeugen, wie verästelt die politischen und kulturellen und damit auch kulinarischen Beziehungen sind. Baklava findet man überall im Nahen Osten und auf dem Balkan. Armenier, Assyrer und Osmanen behaupten, die Speise aus Nüssen und Honig erfunden zu haben, von den Griechen soll der Teig verfeinert worden sein. Araber ergänzten die Rezeptur mit Rosenwasser und Kardamon. Es gibt so viele verschiedene Arten von Baklava, wie es Länder des Orients gibt. Der Wiener Apfelstrudel soll seine Entstehung dem Baklava der Türken verdanken.

Zudem kann man diese Süßspeise in jeder türkischen Bäckerei finden. Aber vorsicht: mehr als ein Stück dieser Köstlichkeit schafft der deutsche Magen wegen des immensen Zuckergehalts kaum.

Benehmen

Es gibt einige Selbstverständlichkeiten im Umgang miteinander, die viele Deutsche nicht kennen. Beispielsweise ist es ganz und gar nicht unhöflich, aus einer auf dem Tisch liegenden Schachtel eine Zigarette zu nehmen, ohne deren Besitzer vorher zu fragen. Denn wenn man gemeinsam an einem Tisch sitzt, ist das, was auf dem Tisch steht oder liegt, für alle da. Betritt man eine Wohnung, zieht man seine Schuhe aus. Das gilt als selbstverständlich. Bei vielen anderen Regeln kommt es auf den Hintergrund der Personen an, laizistisch oder religiös, traditionell oder modern. Was viele eint, ist ein ausgesprochen respektvolles Verhalten gegenüber Personen, die älter sind als man selbst und zu denen man in einem bestimmten Beziehungsverhältnis, verwandtschaftlich, freundschaftlich, geschäftlich, steht. Ihnen gegenüber wendet man die besondere Form des Handkusses an: man führt die Hand an die Lippen und dann an die Stirn. Sitzt man dieser Person gegenüber, achtet man auf eine »ordentliche« Körperhaltung. Als unhöflich gilt es, die Beine übereinander zu schlagen oder sich mit ausladender Gestik zurückzulehnen. Wie bei vielen Nationen Europas verbietet es das Schamgefühl, sein Geschlecht zu zeigen. Ob im Duschraum des Schwimmbads oder im Hamam, die meisten halten sich auch gegenüber dem eigenen Geschlecht bedeckt.

C/Ç

Die türkische Sprache macht es einer deutschen Zunge nicht leicht. Schon rein phonetisch gibt es einige Anforderungen, von denen der Unterschied zwischen C und Ç wohl zu den höchsten gehört. Das C wird wie »Dsch« gesprochen und das Ç wie »Tsch«. Ein kniffeliger Fall ist auch das ı, das nicht wie ein I, sondern so wie ein kurzes e wie in »Tanne« klingt. Das weiche ğ wird nicht gesprochen, steht es zwischen zwei Vokalen, verlängert es den davor stehenden Vokal wie ein Dehnungs-h, nach hellen Vokalen (e, i, ö, ü) wird es wie ein leichtes deutsches J gesprochen. Das S wird gezischt, wie das Z im Zahn, das Z hingegen stimmhaft wie das S in der Sonne ausgesprochen, ein Ş wie das deutsche Sch. Das Türkische weist auch zahlreiche Wörter aus dem Französischen auf. »Viel Glück« auf Türkisch, bol şans, es klingt fast identisch wie »bonne chance« und die Überraschung heißt »sürpriz«.

Döner Kebap

Es gibt wohl kein anderes Gericht, das so sehr mit Türken in Verbindung gebracht wird wie der Döner Kebap. Dabei ist es gar kein traditionelles türkisches Gericht. Die Kombination von Fleisch im Brot mit Salat, Zwiebeln, Tomaten und Soßen verschiedener Geschmacksrichtungen wurde in Berlin erfunden. Und zwar Anfang der siebziger Jahre, als die Arbeitsplätze nicht mehr so sicher waren. »Der Döner war eine Überlebensstrategie« zitiert Eberhard Seidel-Pielen einen Zeitzeugen in seinem grundlegenden Werk der Dönerforschung *Aufgespießt. Wie der Döner über die Deutschen kam.* Doch es dauerte noch eine Weile, bis die industrielle Massenproduktion begann und der Döner zur ernsthaften Konkurrenz für die Berliner Currywurst wurde.

Einkaufen

Was Deutschen leicht als emanzipatorischen Akt missverstehen, ist in der türkischen Kultur eine alte Sitte: als Mann einkaufen zu gehen. Auch wenn das in Deutschland traditionell das Betäti-

Der zwei Mal wöchentlich stattfindende Wochenmarkt am Maybachufer ist inzwischen auch eine Attraktion für Berlinbesucher.

gungsfeld der Frauen ist, sollte man also nicht auf eine Männer-emanzipationsgruppe schließen, wenn einem ein mit zahlreichen Plastiktüten beladenes Grüppchen entgegen kommt. Eher auf traditionsbewusste Ehemänner, die alles übernehmen, was mit dem Außen zu tun hat, während ihre Frauen im Inneren walten. Allerdings sind sie seltener geworden.

Familie

Das Bild der türkischen Großfamilie mit vielen Kindern stimmt nicht. Heute liegt der Durchschnitt bei zwei Kindern. Auch in den eher traditionellen Milieus gibt es heute weniger Nachwuchs. Trotzdem ist die Familie für die Mehrheit nach wie vor ein zentraler Bestandteil des Lebens. Zukunftspläne junger Menschen beinhalten nahezu ausnahmslos auch die Gründung einer Familie. Viele suchen sich einen Ehepartner in der Türkei. Nach einer Studie des Zentrums für Türkeistudien aus dem Jahr 2001/2002 ist diese Tendenz eine »verbreitete Option« nicht nur für Männer, sondern – und das wird in den Medien kaum erwähnt – auch für Frauen. 45,2 Prozent der Heiratsmigranten aus der Türkei waren Männer, also fast die Hälfte.

Feste

Neben den religiösen Festen, wie das Fastenbrechen und das Opferfest, gehören Hochzeiten zu den Höhepunkten gesellschaftlichen Lebens. Wenn wieder einmal ein Autokonvoi hupend durch die Straßen fährt, heißt das: Hier wurde gerade geheiratet. Auf dem Auto des Paares steht hinten häufig: *Maşallah*, das wörtlich übersetzt bedeutet: »Was Gott will/geschaffen hat.« Das Wort findet sich auch an türkischen LKW, weshalb deutsche Urlauber schon einmal auf den Gedanken kamen, dass es sich bei *Maşallah* um ein Transportunternehmen handele, dabei soll das Wort nur Unheil abwenden.

Bevor man lärmend auf die Hochzeit aufmerksam machen kann, ist bei den Eltern förmlich um die Hand der Auserwählten angehalten und zumeist Verlobung gefeiert worden. Die Braut hat mit ihrer Mutter, anderen weiblichen Familienmitgliedern und Freundinnen einen sogenannten Henna-Abend veranstaltet, bei dem es um das Abschiednehmen vom Elternhaus geht. Sie bemalen die Hände der Braut mit Henna, das für den neuen Lebensabschnitt Glück bringen soll. Geheiratet wird beim Standesamt durch einen deutschen Beamten oder aber beim türkischen Konsulat. Meistens erfolgt auch eine religiöse Trauung durch einen Imam. Nachdem der offizielle Part erledigt ist, geht es zum Feiern in einen großen Festsaal, wo die Hochzeitskapelle und oft schon zahlreiche Gäste anwesend sind. Nun beginnt das Essen, Trinken und, noch wichtiger, das Tanzen, das meistens bis zum frühen Morgen dauert. Einer alten Sitte gemäß schreibt die Braut die Namen ihrer unverheirateten Freundinnen auf ihre Schuhsohlen. Diejenige, deren Name nach der Hochzeit noch zu lesen ist, wird als nächste heiraten. Zwischendurch wird eine wichtige Zeremonie abgehalten: Das Geschenke-Überreichen, das anders als bei Deutschen recht offenherzig geschieht, denn ein Moderator verkündet laut die Summe der Geldscheine und die Anzahl der goldenen Schmuckstücke, die dem Brautpaar an die Kleider geheftet oder übergestreift werden. Da mag keiner als Geizhals dastehen und häufig wechseln beträchtliche Summen den Besitzer.

Dem Geburtstag wird keine große Bedeutung beigemessen und dementsprechend wenig gefeiert. Für Kurden ist ein wichtiges Fest *Newroz*, das Neujahrsfest, das alljährlich am 21. März begangen wird. Ursprünglich war es ein Sonnenwend- bzw. Frühlingsfest, das von vielen ethnischen Gruppen hauptsächlich im Iran gefeiert wurde. Für die Kurden ist es kein Fest, das man im familiären Kreis zu Hause feiert, sondern eine tendenziell politische, auf jeden Fall öffentliche Veranstaltung, bei der mit Reden und Musik Existenz und Unabhängigkeit bekundet werden.

Die offiziellen nationalen Feiertage der Türken gründen alle auf der Unabhängigkeitsbewegung Atatürks. Am 23. April erinnert man an die Eröffnung der Nationalversammlung 1920 und feiert gleichzeitig den Tag des Kindes; am 19. Mai ist der Tag der Jugend und des Sports, an diesem Tag im Jahre 1919 begann Atatürk, die Widerstandsbewegung gegen die britischen, französischen und italienischen Besatzungsmächte zu organisieren; am 30. August, dem Siegestag, erinnert man an die Schlacht gegen die Griechen bei Izmir 1922 und am 29. Oktober an die Ausrufung der Republik 1923.

Homosexualität

Einmal im Monat ist *Gayhane*-Abend im SO 36. *Gayhane* ist die wörtliche Zusammensetzung von *gay* und *hane*, das türkische Wort für das Zuhause, also das »schwule Zuhause«, und die Verballhornung von »mayhane«, wie man das traditionelle türkische Restaurant nennt. Inzwischen leidet die Tanzveranstaltung fast an ihrer Popularität. Immer mehr Menschen kommen, um die legendär gute Stimmung zu erleben. Nicht jeder der Gäste möchte seine Identität preisgeben, denn Homosexualität ist keineswegs eine Selbstverständlichkeit in türkeistämmigen Kreisen. Der Erfinder dieser seit elf Jahren erfolgreichen Veranstaltungsreihe ist Fatma Souad. Die in Ankara geborene Dragqueen flüchtete 1983 vor der westdeutschen Provinz nach Berlin, machte eine Schneiderlehre und wurde schon bald zum »orientalischen Bauchtanzwunder«, das sich nach einer berühmten ägyptischen Bauchtänzerin nannte. Seitdem trägt sie zumeist einen weißen Turban, viel Schmuck und Schminke, mal Frauen-, mal Männerkleider.

Koray Yılmaz-Günay, das Vorstandsmitglied einer schwul-lesbischen Interessenvertretung, hält es für eine unangenehme Entwicklung der letzten Jahre, als Türke ständig nach dem Verhältnis zwischen Islam und Homosexualität befragt zu werden. Wenn er gegenfrage, wie es zwischen Protestantismus und Homosexualität aussehe, ernte er nur verwunderte Blicke. Er will nicht als Person auf den Islam reduziert werden. Yılmaz-Günay kritisiert ebenso die türkeistämmigen Berliner. Seine Heirat mit einem Türken habe in der Türkei, auch wenn er die Situation dort keineswegs schönreden möchte, sogar Zustimmung hervorgerufen, hier in Berlin sei man mit den Wertvorstellungen in den sechziger Jahren stehengeblieben. Gleichzeitig gäbe es mehr gleichgeschlechtliche eingetragene Lebenspartnerschaften unter türkeistämmigen Berlinern, als mancher so glaube.

Viele türkeistämmige Berliner reisen nach wie vor gern zu Freunden oder Verwandten in die Türkei.

Identität

Entsprechend der vielfältigen ethnischen und regionalen Zusammensetzung der »Türken in Berlin« spielt die Frage der Identität eine nicht unbedeutende Rolle für viele Menschen. Die älteren sind häufig in Vereinen organisiert, deren Mitglieder aus einer bestimmten Gegend, einem bestimmten Dorf kommen. Man hat das dörfliche Teehaus in die Stadt Berlin verlegt und fühlt sich primär seiner alten Heimat verbunden. Ihre Kinder kümmert die zumeist weniger, denn für sie besteht diese Heimat höchstens noch aus Orten, in die man während der Ferienzeit fährt. Man ist Berliner oder Berlinerin und lebt ganz selbstverständlich türkische und deutsche Eigenarten. Bei so manchen Jugendlichen kann man allerdings den Frust heraushören, als wenig beliebter »Türke« zu gelten. Manche reagieren mit trotzigem Stolz darauf, ein Türke zu sein. Andere mit kurdischen Eltern entdecken ihr Erbe neu, sie nehmen die Kurdenpolitik der Türkei nicht einfach so hin und demonstrieren in Berlin immer wieder dagegen. Manche sind wiederum stolz darauf, ein Zaza zu sein. Oder die ganze Herkunftsgeschichte ist ihnen völlig egal.

Jugend

Die meisten türkeistämmigen Jugendlichen leben weitgehend das ganz normale Leben eines Teenagers in Berlin. Sie gehen zur Schule, beschäftigen sich mit Sport, Musik und tausend anderen Aktivitäten, treffen sich mit Freunden, verlieben sich, gehen tanzen und feiern. Und sie versuchen ihre eigene Identität zu finden und erwachsen zu werden. Doch viele von ihnen sehen sich einer Vielzahl von Vorurteilen gegenüber, zum Beispiel in Bezug auf die von den Medien gern herausgestellte Jugendkriminalität. Der Anteil nichtdeutscher Jugendlicher als Tatverdächtige sank zwar zwischen 1996 und 2006 von 25,8 auf 17,5 Prozent, aber er ist proportional immer noch höher als bei deutschen Jugendlichen. In erster Linie ist dies aber kein ethnisches, sondern ein soziales Problem. Es leben mehr nichtdeutsche Jugendliche in den kriminalitätsgefährdeten städtischen Ballungsräumen, hinzu kommen Ausgrenzungserfahrung, schlechte Ausbildung und Frustration über mangelnde Zukunftschancen. Viele von ihnen erleben zudem eine Erziehung, in der Gewalt nicht ungewöhnlich ist.

Aylin Selcuk, eine Gymnasiastin aus gutbürgerlichem Hause, hat im Zuge einer Schularbeit Jugendliche Hauptschüler interviewt und dabei herausgefunden, dass sie ganz anders sind, als sie dachte. Sie stellte eine enorme Unzufriedenheit bei ihnen fest, weil man sie als Hauptschüler gleich als Verlierer abstempelt. Sie lernte, dass die vermeintlichen Brutalos oft keine sind oder sich eher dem Druck der Gruppe fügen, dass Gewalt sozial und nicht ethnisch begründet ist. Daraufhin gründete sie einen Verein, der sich *DeuKische Generation* nennt. Der Name ist die Zusammensetzung aus Deutsch und Türkisch und soll deutlich machen, dass »sich die dritte Generation der damaligen Einwanderer mittlerweile von dem Rollenbild des Migranten losgelöst hat und sich als einen festen Bestandteil der deutschen Gesellschaft sieht. (…) Der Verein bezweckt es, der hiesigen Gesellschaft die Generation der »DeuKen« in all ihren Facetten vorzustellen, um das Bild in der Öffentlichkeit zu korrigieren und die Überwindung kultureller Missverständnisse zu aktivieren.« Gleichzeitig sieht er auch Verantwortung bei den Betroffenen, die »vorhandenen Chancen wahrzunehmen«. Die Bundesbeauftragte für Migration, Flüchtlinge und Integration, Maria Böhmer, hat die Schirmherrschaft des Vereins übernommen. Die etwa 150 Mitglieder engagieren sich als Jugendliche für Jugendliche; das ist ein neuer Ansatz in den Bemühungen um interkulturelle Verbindungen.

Küche

So vielfältig wie die Landschaften, die Geschichte und Kultur des Osmanischen Reichs, so variationsreich ist die türkische Küche heute. Zwar spielt frisches Gemüse in der türkischen Küche eine große Rolle, es wird gedünstet, frittiert und mariniert gegessen, aber rein vegetarische Gerichte sind selten. Auberginen, Paprika und Zucchini werden mit Hackfleisch gefüllt.

Dazu gibt es noch eine Vielzahl von Pasten und Dips, gefüllte Weinblätter oder Suppen. Die Hauptgerichte bestehen zumeist aus gegrilltem Hammel, Lamm, Rind oder Geflügel oder in Meeresregionen aus Fisch. Man reicht dazu Pilaw (Reis) und Salat. Zu den populärsten türkischen Desserts gehört eine Art überba-

Das Restaurant-Schiff Iskele am Landwehrkanal bietet besonders viele Fisch-Spezialitäten an.

ckener Milchreis im Tontöpfchen. Alle möglichen Varianten von honiggetränktem Blätterteig oder reinen Zuckerwerken, die so schöne Namen wie »Engelshaar« oder »Frauennabel« tragen, bilden den süßen Abschluss einer Mahlzeit oder werden zwischendurch gereicht.

In Berliner Imbissen ist neben Döner Kebap und Börek häufig Lahmacun zu finden. Es ist die »türkische Pizza«, die im idealen Falle vor Ort gebacken wird: ein dünner Teig mit Hackfleischsoße, der heiß mit Salat und Soße belegt und gerollt gegessen wird. Zunehmend auf Märkten und Imbissen zu sehen sind Gözleme, dünne, mit Spinat und Käse oder Hackfleisch gefüllte Fladenbrote aus Yufka-Teig. Gebacken werden sie ohne Fett auf dem Sac, einer großen, leicht gewölbten Heizplatte. Guten Appetit oder besser: Afiyet olsun!

Medien

Seit der Erfindung der Satellitenschüsseln lassen sich sämtliche türkischen Fernsehkanäle auch in Berlin empfangen. Glaubt man Umfragen, so ist das Fernsehen das beliebteste Medium unter türkischen Berlinern. Allgemein hält sich der Konsum türkischer und deutscher Medien die Waage, wobei Ältere türkischsprachige und jüngere deutschsprachige bevorzugen.

Nach dem Fernsehen nehmen die Tageszeitungen den zweiten Rang in der Beliebtheitsskala ein. Zu den bekanntesten gehört die nicht unumstrittene Boulevardzeitung *Hürriyet* (Freiheit), deren deutsche Redaktion in Neu-Isenburg, Hessen, sitzt. In Berlin gibt es eine kleine Redaktion, die die Regionalbeilage betreut. Ihre Verkaufsauflage liegt bei etwa 40 000, ihre Leserschaft soll um etwa das 56-fache höher sein. Allerdings sinkt ihre Auflage, wie die der anderen türkischen Zeitungen in Deutschland, kontinuierlich. Zu den anderen Tageszeitungen, die in Deutschland erscheinen, gehören die als konservativ geltende *Türkiye* (Türkei), die linksliberale *Milliyet* (Nationalität) und *Sabah* (Morgen). Religiöser orientiert sind die konservative *Zaman* und die nationalistische *Milli Gazete* (Nationale Zeitung). Eine kurdische Zeitung in türkischer Sprache war die *Özgür Politika* (Freie Politik), die 2005 wegen ihrer Nähe zur kurdischen PKK verboten wurde. Nach Journalistenprotesten wurde das Verbot wieder aufgehoben. Heute erscheint eine *Yeni Özgür Politika* (Neue freie Politik), die eine Auflage von 15 000 haben soll. Sie gilt ebenfalls als PKK-nah.

Von den türkischsprachigen Radiosendern bzw. Radiosendungen ist *Radyo Metropol FM* aus Berlin am beliebtesten. Morgens zwischen sechs und zehn Uhr bespielt DJ H-Kan locker-flockig mit viel Popmusik die Frühaufsteher unter den Hörern. Bis zur DJ-Night täglich ab 22 Uhr geht es weiter mit viel türkischer Musik, unterhaltenden News und Veranstaltungshinweisen. Relativ neu ist eine türkischsprachige Website, die in Berlin für Berliner Türken gemacht wird: *ha-ber.com*. Ihr Schwerpunkt liegt bei der Sportberichterstattung. Gegründet wurde sie unter anderem vom ehemaligen Olympiasieger im Ringen, Orhan Önaldi, und dem Germanisten, Journalisten und Karikaturisten Hayati Boyacioğlu. Noch ist die Usergruppe klein, aber inzwischen trägt sich die Site finanziell selbst.

Nazar Boncuğu

Als »Nazar Boncuğu« bezeichnet man das blaue Auge aus Glas, das gegen den bösen Blick schützen soll. Nazar kommt über das Persische vermittelt aus dem Arabischen und heißt »Blick«. Wenn das Auge zerbricht, heißt es, dass es eine Attacke erfolgreich abgewehrt hat. Dann kauft man ein neues, als Kettenanhänger, als Wandschmuck, für den Hauseingang oder das Auto. Das blaue Auge gibt es in allen möglichen Formen. Eine Variante sind die blauen Perlen, die auch in anderen Kulturen schon in antiker Zeit vor Zerstörung und Neid schützten. Besonders Kinder sind gefährdet, weshalb man ihnen gern ein Nazar an den Kinderwagen hängt. Bis heute hat sich dieser Brauch gehalten, der nichts mit Religion, sondern mit einem alten, weltweit verbreiteten Glauben an das Übersinnliche zu tun hat.

Sport

Der heutige Bundestagsabgeordnete Hakkı Keskin war ein passionierter Ringer, als er Ende der sechziger Jahre nach Berlin kam. Ringen ist in der Türkei ein seit Jahrhunderten beliebter Kampfsport. Zu Keskins Zeiten gab es den Türkischen Ringerver-

Auch Mädchenmannschaften spielen beim Fußballverein Türkiyemspor, wie hier in der D-Jugend.

ein Berlin (Türk Güreş Kulübü e.V.) noch nicht. Er gründete sich 1981, feierte schnell erste Siege und schaffte trotz knapper Finanzen in der Saison 2007/08 eine gute Platzierung in der 1. Bundesliga Nord. Seine sensationellen Erfolge führten allerdings noch nicht zu den wünschenswerten Besuchermengen bei Heimturnieren. In Zukunft sollen auch verstärkt nichttürkische Ringerfans angesprochen werden.

Populärer als Ringen ist Fußball. Bereits 1965, als Berlin keine 3000 Einwohner aus der Türkei hatte, gründete sich der bis heute existierende Fußballverein Türkspor. Der erfolgreichste Fußballverein ist Türkyiemspor, der den Aufstieg in die 2. Bundesliga 1991 nur knapp verpasste. Hier begann in den siebziger Jahren die Fußball-Karriere von lyas Tüfekçi, der 1980 neben Erdal Keser von Borussia Dortmund als erster türkeistämmiger Fußballer in der Bundesliga Aufsehen erregte. Später setzte er seine Fußball-Karriere in der Türkei fort. Türkiyemspor ist zugleich vielfältig sozial aktiv und unterstützt viele Initiativen für ein besseres Miteinander in der Stadt. So nimmt die Mannschaft an den *Respect Gaymes 2008* teil, die zur Stärkung der Rechte von Lesben und Schwulen initiiert wurden. Der seit 1978 existierende Club hat sich trotz übler Angriffe rechter Gruppen nicht abschrecken lassen weiterzumachen.

Neben Türkiyemspor gibt es über 30 von Türken und Kurden gegründete Vereine in der Stadt, u.a. Al-Dersimspor, Berlin Ankaraspor Külübü, Hilalspor, Hürtürkel, Anadolu-Umutspor und Yeşilyurt. Schätzungen besagen, dass etwa ein Fünftel der gut 100 000 Fußball spielenden Berliner und Berlinerinnen einen türkischen Pass haben. Dazu gehört auch eine Reihe von Mädchen und junger Frauen. Die erfolgreichsten sind Mitte 2008 die 1. Damenmannschaft von Al-Dersimspor, die auch von sich reden machte, weil sie als erste weibliche Mannschaft Deutschlands 2006 in Teheran gegen die iranische Frauennationalmannschaft antrat. Die Vorgeschichte und der Ablauf dieses außergewöhnlichen Ereignisses sind in dem höchst spannenden Film *Football under cover* von David Assmann zu sehen, dessen Schwester Marlene die Ideengeberin des Ganzen war, und Ayat Najafi, ohne dessen organisatorische und kommunikative Hilfe das Spiel wohl nicht hätte realisiert werden können. Ein Gegenspiel der iranischen Mannschaft in Berlin wurde kurzfristig abgesagt.

Eine kleine Sensation war auch das ZDF-Torwandschießen am 15. September 2007, als die junge Fußballerin Aylin Yaren den französischen Fußballstar Franck Ribéry mit einem 4:3 besiegte. Die 1989 geborene Berlinerin hat ihre Fußballkarriere bei Tennis Borussia Berlin begonnen, sowohl in der deutschen als auch in der türkischen Nationalmannschaft gespielt und ist jetzt beim

LdB FC Malmö engagiert. Inzwischen hat auch der Linksverteidiger von Hertha BSC die Stadt verlassen: Malik Fathi, der 1983 in Berlin geborene Spross einer deutsch-türkischen Familie, spielte so erfolgreich, dass er nicht nur 2006 zweimal bei der deutschen Nationalmannschaft mitmachte, sondern kurz nach Vertragsverlängerung mit Hertha im Frühjahr 2008 für vier Millionen Euro Ablöse zu Spartak Moskau wechselte. Inzwischen hat er sich mit seiner Freundin in Moskau eingelebt, aber Berlin bleibt, wie er versichert, seine geliebte Stadt.

Neben dem Fußball ist ein beliebter Sport das Boxen. Ein großes Vorbild für viele ist Oktay Urkal, der auch der »Mohammed Ali von Kreuzberg« genannt wird. Allerdings hat er mit diesem Bezirk weniger zu tun, er wuchs in Schöneberg auf und lebt heute mit seiner Familie in Lichtenrade. Nach mehrfachen Titeln als Deutscher Meister gewann Urkal bei den Olympischen Spielen von Atlanta 1996 die Silbermedaille. Nach über hundert siegreichen Amateurkämpfen und 42 Profikämpfen mit 38 Siegen will er zukünftig als Trainer arbeiten.

Tanz

Auf vielen türkischen und kurdischen Feiern wird getanzt. Ein auch für weniger Begabte zu bewältigender Tanz ist die Dreischrittfolge des Kaşab. Er ist einer der traditionellen Tänze, die man zu vielen in einer Reihe oder einem Kreis tanzt und die in der Bezeichnung, Schrittfolge und Formation variieren, je nachdem aus welcher Region der Türkei der Tanz stammt. Ein wichtiger traditioneller Tanz der Kurden ist *Çepki* aus der Region Varto. Jedes Jahr zum 1. Mai kann man diesen Kreistanz im öffentlichen Raum, zum Beispiel auf dem Kreuzberger Mariannenplatz erleben. Es sind vorwiegend junge Frauen und Männer, die ihn

Der Çepki ist ein auch bei Jüngeren beliebter Tanz, dem ganze Abendveranstaltungen gewidmet sind.

gemeinsam tanzen, begleitet von einer Trommel (Davul) und einer Kegeloboe (Zurna), die heute gern ergänzt werden durch ein Keyboard.

Regelmäßig werden in Berlin *Çepki*-Nächte veranstaltet. Mancher jüngere Mensch bevorzugt zeitgenössische Tanzarten, wie sie in allen Berliner Clubs vorherrschen. Es gibt aber auch mehrere Veranstalter, die regelmäßig große Partys mit Schwerpunkt Oriental veranstalten. Recht beliebt ist auch der Breakdance. Hier treffen alle möglichen Nationalitäten aufeinander. Die vierfachen Breakdance-Weltmeister Flying Steps haben eine Privatschule gegründet, die »Flying Steps Dance Academy« am Tempelhofer Ufer. Dort wird nicht nur Breakdance gelehrt, die Tänze, die man dort lernen kann, haben Namen wie B-Boying, Hip Hop Dance, Popping, Locking, House Dance oder Krumping.

Vereine

Niemand kann die zahllosen kulturellen, politischen, religiösen, regionalen und sozialen Vereine, Zusammenschlüsse und Organisationen überblicken, es sind einfach zu viele. Viele Vereine wurden von Männern aus einer bestimmten Region als eine Art Heimatverein gegründet, die oft noch den Namen dieser Gegend tragen. Für diese älteren Türken ist der Verein nichts anderes als ein Ort, wo man in Ruhe und kostengünstig Tee trinken, sich unterhalten und spielen kann, in manchen auch um Geld. Frauen findet man dort nicht, aber in den meisten Fällen wird niemand etwas dagegen haben, sondern eher einen Tee anbieten, wenn eine Frau einmal neugierig hineinschaut. Im Allgemeinen wird auf Interessensbekundung höflich reagiert. Einige Vereine weisen auf Schildern darauf hin, dass sie grundsätzlich nur für Vereinsmitglieder zugänglich sind. Das hat meistens rechtliche Gründe und muss nicht auf Abgrenzungswünsche hinweisen. Die Frauen haben ihre eigenen Kreise, sie treffen sich beispielsweise im Kreuzberger *Familiengarten* zum Tanztee oder einfach geselligen Beisammensein.

In anderen Organisationen wird beraten, fortgebildet, Sport getrieben und Politik gemacht. Einige Jüngere engagieren sich im Umweltschutz bei der türkischsprachigen BUND-Umweltgruppe *Yeşil Cember*. Und selbst einen *Naturschutzbund Schwarzes Meer* gibt es in Berlin.

Witze

Was den Deutschen die Ostfriesen sind, sind den Türken die Lazen. Gern macht man Scherze über diese vermeintlich eingeschränkten Geister. Ein Beispiel: »Warum trägt ein Laze beim Schreiben Handschuhe? Damit niemand erkennt, dass es seine

Schrift ist!« Oder: »Dursun wandert nach Amerika aus. Ein paar Monate später ruft er seinen Freund Temel an. ›Hey Temel, komm schnell rüber, hier wirst du schnell reich!‹ – ›Wo muss ich denn arbeiten?‹ – ›Du brauchst nur das Geld von der Straße aufzulesen.‹ Temel fliegt nach Amerika, steigt aus dem Flugzeug. Auf dem Weg zu einem Taxi fällt sein Blick auf den Boden: eine 100 $-Note! Ohne das Geld aufzuheben, macht er sich davon und sagt: ›Ich arbeite doch nicht gleich am ersten Tag!‹«

Der türkische Eulenspiegel ist Nasreddin Hoca. Mit dem Unterschied, dass wesentlich mehr Anekdoten mit dem Hoca überliefert sind als Eulenspiegeleien. Der Hoca, die Bezeichnung für einen geistlichen Lehrer, geht auf eine historische Person zurück, die im 13. Jahrhundert in einem Dorf namens Hortu unterrichtet haben soll. Die Geschichten, die es auch als illustrierte Kinderbücher und Comics gibt, zeigen viel von dem ironischen Humor, der Art der Kommunikation und Lebensweisheit im Anatolischen. Ein Beispiel: Als Nasreddin Hoca zu dem Nachbarn, der von ihm den Esel ausborgen will, sagt, »Der Esel ist nicht zu Hause«, hört der Nachbar das Schreien des Esels aus dem Stall. »Aber der Esel ist doch im Stall«, sagt der Nachbar. Der Hoca antwortet: »Willst du den Worten des Esels oder meinen glauben?«

VERTRETUNGEN

Türkische Botschaft
Rungestr. 9
10179 Berlin
Tel. (030) 27 58 50
www.tcberlinbe.de

Türkisches Generalkonsulat
Tauentzienstr. 9
10789 Berlin
Tel. (030) 214 37 52
Turk.genkon.berlin@t-online.de

ORGANISATIONEN/ VEREINE/ EINRICHTUNGEN

Türkische Gemeinde in Deutschland
Bundesgeschäftsstelle
Tempelhofer Ufer 21
10963 Berlin
Tel. (030) 200 51 624
www.tgd.de

Türkische Gemeinde zu Berlin e.V.
Skalitzerstr. 134
10997 Berlin
Tel. (030) 615 59 67
www.tgb-berlin.de

Türkischer Bund in Berlin-Brandenburg (TBB)
Tempelhofer Ufer 21
10963 Berlin
Tel. (030) 623 26 24
www.tbb-berlin.de

Türkisch-Deutsche Unternehmensvereinigung Berlin-Brandenburg e.V. (TDU)
Kurfürstendamm 175
10707 Berlin
Tel. (030) 885 500 00
www.tdu-berlin.de

Müsiad e.V.
Verband unabhängiger Industrieller und Unternehmer
Delbrückstr. 58
12051 Berlin
Tel. (030) 685 985 98
www.muesiad-berlin.de

Tüsiad e.V.
Märkisches Ufer 28, 10179 Berlin
Tel. (030) 288 786 300
www.tusiad.org

Türkischer Elternverein in Berlin-Brandenburg e.V.
Oranienstraße 34
10999 Berlin
Tel. (030) 614 32 99
www.tevbub.de

Türkisches Wissenschafts- und Technologiezentrum
Berlin Türk Bilim ve Teknoloji Merkezi (BTBTM)
(Studentenvereinigung)
Marchstr. 6
10623 Berlin
Tel. (030) 314 248 00
www.btbtm.de

Türkischer Kunstmusik-Chor Spandau e.V.
Nauener Str. 68
13583 Berlin
Tel. (0177) 383 52 01
TSM_Spandau@yahoo.de

Berliner Ensemble für klassische türkische Musik e.V.
c/o AWO Adalbertstr. 23a
10997 Berlin
www.bktmd.de

Türkisches Altenheim Türk Bakim Evi
Pflegeeinrichtung Berlin-Kreuzberg
Methfesselstraße 43
10965 Berlin
Tel. (0800) 47 47 207
bakimevi@marseille-kliniken.com

Kurdische Demokratische Gemeinde zu Berlin-Brandenburg
c/o Kurdisches Zentrum e.V.
Dresdener Str. 8
10999 Berlin
Tel. (030) 615 90 92
kurdisches.zentrum@gmx.de

Kurdistan Kultur- und Hilfsverein e.V.
Paul-Lincke-Ufer 44a
10999 Berlin
Tel. (030) 618 92 07
www.kkh-ev.de

WISSENSCHAFT UND BILDUNG

Arbeitsstelle Politik des Vorderen Orients
Ihnestr. 22
14195 Berlin
Tel. (030) 838 566 40
polvoro@zedat.fu-berlin.de

Berliner Gesellschaft zur Förderung der Kurdologie
Emser Straße 26
12051 Berlin
Tel. (030) 62 60 70 32
mail@kurdologie.de
Zeitschrift: redaktion@kurdische-studien.de

Institut für Turkologie
Fachbereich Geschichts- und Kulturwissenschaften
Schwendenerstr. 33
14195 Berlin
Tel. (030) 838 539 55
www.geschkult.fu-berlin.de/e/turkologie

TÜDESB Bildungsinstitut Berlin – Brandenburg e.V.
Privatgymnasium, Privatrealschule, Bildungszentren und Kindergärten
Tempelhofer Damm 146
12099 Berlin
Tel. (030) 693 56 96
www.tuedesb.de

Zentrum Moderner Orient
Kirchweg 33
14129 Berlin
Tel. (030) 80 30 70
www.zmo.de

KULTUR

Ballhaus Naunynstraße
Naunynstr. 27
10997 Berlin
Tel. (030) 347 459 845
www.ballhausnaunyn.de

Diyalog TheaterFest
Festival-Ort:
Ballhaus Naunynstraße
www.theater-diyalog.com

Tanas
Kunstgalerie
Heidestr. 50
10557 Berlin
Tel. (030) 895 645 32
www.tanasberlin.de

Tiyatrom
Türkisches Theater Berlin
Alte Jacobstr. 12, 10969 Berlin
Tel. (030) 615 20 20
www.tiyatrom.de

Türkisches Haus
Eintichtung des Türkischen Generalkonsulats
An der Urania 15
10787 Berlin
Tel. (030) 236 359 31
tuerkischeshaus@gmail.com

EINKAUFEN

Aydin Kasetçilik
Musik
Kottbusser Str. 6
10999 Berlin
Tel. (030) 614 69 71

Berlin Saz Evi
Musikinstrumente
Alt-Moabit 83c
10555 Berlin
Tel. (030) 398 786 36
www.berlinsazevi.de

Firat Kitabevi
Bücher, CD, DVD
Schönleinstr. 4
10967 Berlin
Tel. (030) 612 011 55
www.firatkitabevi.com

Kitap Dünyasi Buchhandels GmbH
Kottbusser Damm 67
10967 Berlin
Tel. (030) 616 264 66

Regenbogen-Buchhandlung
Adalbertstr. 97, 10999 Berlin
Tel. (030) 616 538 45
regenbuch@yahoo.de

Türkischer Markt an der Crellestr.
S-Bahnstation Yorkstr.
(Großgörschenstr.)
Mi. u. Sa.

Türkischer Markt am Maybachufer
U-Bahnstation Schönleinstraße
Di. u. Fr.

Umut Kasetçilik
Musik,-instrumente u. Filme
Adalbertstr. 13
10997 Berlin
Tel. (030) 569 710 32

RESTAURANTS/CAFÉS/ IMBISSE

Café Tatou
IHK-Lounge
Im Ludwig-Erhard-Haus
Fasanenstr. 85
10623 Berlin

Defne
Planufer 92c
10967 Berlin
Tel.: (030) 817 971 11
www.defne-restaurant.de
Kleine, aber feine Speisekarte

Değirmen
Kottbusser Damm 103a
(Ecke Maybachufer)
10967 Berlin
Tel. (030) 615 07 457
Das Fleisch ist hier halal

Hasir
Adalbertstr. 10
10999 Berlin
Tel.: (030) 614 23 73
www.hasir.de
Ältestes gehobenes türkisches Restaurant Berlins mit Filialen in Mitte, Schöneberg, Wilmersdorf und Spandau

Iskele
Fischrestaurant
Planufer 82
10967 Berlin
Tel. (030) 695 072 65
www.iskele-berlin.de
Ein Schiff auf dem Landwehrkanal, berühmt für die große Auswahl an Frischfisch, sehr gute Qualität, gehobene Preisklasse

Meraba-Imbiss
(Bio-Döner)
Hufelandstraße 2
10407 Berlin
Tel. 0177/334 44 40
Wer bisher auf Döner verzichtet hat, findet hier eine schmackhafte Alternative

Mercan Restaurant
Wienerstr. 10
10999 Berlin
Tel. (030) 612 858 41
Türkische Hausküche, einfaches Ambiente, mit Menüwahl durch direktes In-die-Töpfe-Schauen

Tadim Lahmacun
Adalbertstr. 98
10999 Berlin

Tel. (030) 616 092 80
Hervorragende türkische Pizza

Wurst- & Dönerecke
Reichsstr. 1
14052 Berlin
Tel. (030) 302 86 91
Türkisch-deutsches Angebot, die freundlichsten Imbissverkäufer Berlins

MEDIEN

Deutsche Welle, Türkische Redaktion
Pressehaus, Raum 5309
Schiffbauerdamm 40
10117 Berlin
Tel. (0175) 201 35 56
Fax (030) 897 285 07
sevimercan@yahoo.de

Hürriyet
Dogan Media International GmbH
Pressehaus, Raum 2214
Schiffbauerdamm 40
10117 Berlin
Tel. (030) 280 989 15
www.hurriyet.de

Metropol FM
Markgrafenstr. 11
10969 Berlin
www.metropolfm.de
Erster türkischsprachiger Radiosender

Milliyet Verlags GmbH
Friedrichstr. 41
10969 Berlin
Tel./Fax (030) 252 995 29
milliyet1@aol.com

RBB
Türkische Redaktion
Masurenallee 8–14
14057 Berlin
Tel. (030) 979 933 55 11
tuerkisch@rbb-online.de

Turkiye Post
Ihlas Media & Trade Center GmbH
Müllerstr. 166/a
13357 Berlin
Tel. (030) 629 850 31/
(0176) 228 081 73
berlin@postgazetesi.com

Visyon
Deutsch-türkisches Berliner Stadtmagazin
Kostenlos in türkischen Einrichtungen ausliegend
Saalburger Str. 3
12099 Berlin
Tel. (030) 627 337 516
www.berlin-vizyon.de

Zaman Verlags und Handels GmbH
Pressehaus, Raum 1402
Schiffbauerdamm 40
10117 Berlin
Tel. (030) 224 880 60
redaktionberlin@eurozaman.de

MUSIKSCHULEN

Bağlama Müzik
Nazarethkirchstr. 51
13347 Berlin
Tel (030) 450 273 21
http://baglamamuzik.com

Berlin Saz Evi
Alt-Moabit 83c
10555 Berlin
Tel. (030) 398 786 36
www.berlinsazevi.de

Deutsch-türkische Musikakademie
Kyffhäuserstr. 23
10781 Berlin
Tel. (030) 217 553 64

Konservatorium für Türkische Musik Berlin
Solmsstr. 37
10961 Berlin
Tel.: (030) 659 04 601
www.btmk.de

ta Musikatelier
Dieffenbachstr. 33
10967 Berlin
Tel. (030) 69565258
http://tanerakyol.com

SCHULEN MIT TÜRKISCH ALS UNTERRICHTS- BZW. FREMDSPRACHE

Aziz-Nesin-Grundschule
Deutsch-Türkische Europaschule
Urbanstr. 15
10961 Berlin
Tel. (030) 902 983 731
www.aziz-nesin-g.cidsnet.de

Carl-von-Ossietzky-Oberschule
Gesamtschule
Blücherstr. 46–47
10961 Berlin
Tel. (030) 902 987 511
www.cvo-berlin.de

Ernst-Reuter-Oberschule
Gesamtschule
Stralsunder Str. 57
13355 Berlin
Tel. (030) 46 777 99-10/12/21
www.ernst-reuter-oberschule.de

Hector-Peterson-Oberschule
Gesamtschule
Tempelhofer Ufer 15
10963 Berlin
Tel. (030) 505 877 11/19
www.hpo.cidsnet.de

Moses-Mendelssohn-Oberschule
Gesamtschule
Stephanstr. 2
10559 Berlin
Tel. (030) 398 352 10
www.moses-mendelssohn-oberschule.de

Otto-Hahn-Oberschule
Gesamtschule
Buschkrugallee 63
12359 Berlin
Tel. (030) 627 397 90
www.oho-berlin.de

Robert-Koch-Oberschule
Gymnasium
Dieffenbachstr. 60
10967 Berlin
Tel. (030) 505 857 31
www.rko.cidsnet.de

Willy-Brandt-Oberschule
Gesamtschule
Grüntaler Straße 5
13347 Berlin
Tel. (030) 200 947 310
www.willy-brandt-o.cidsnet.de

SPRACHKURSE

D.A.S. Akademie GmbH
Deutsche Akademie für Sprachen
Torstr. 125
10119 Berlin
Tel. (030) 250 980 68
www.das-akademie.com

IH Berlin PROLOG
Hauptstr. 23/24
10827 Berlin
Tel. (030) 781 10 76
www.prolog-berlin.de

Sprachenatelier Berlin (isk) GmbH
institut für sprachen und kultur
Frankfurter Allee 40
10247 Berlin
Tel. (030) 275 898 55
www.sprachenatelier-berlin.com

TÜRKISCHE BÄDER

Hamam
Frauenzentrum Schokofabrik
Mariannenstr. 6
10997 Berlin
Tel. (030) 615 14 64
www.hamamberlin.de

Sultan Hamam
Bülowstr. 57
10783 Berlin
Tel. (030) 217 533 75
www.sultan-hamam.de

MOSCHEE UND FRIEDHOF

Şehitlik-Moschee
Islamischer Friedhof
Columbiadamm 128
10965 Berlin
Tel. (030) 692 11 18
www.sehitlik-moschee.de

INTERNET-PORTALE, WEBZEITUNGEN, INFOS

www.berlin.de/lb/intmig
Integrations- und Migrationsbeauftragter, viele weiterführende Infos

www.berlin-turkish.com
Site der Berlin Partner GmbH in Kooperation mit der EKCON GmbH mit Schwerpunkt Wirtschaftsförderung

www.elmagazetesi.com
Türkischsprachige Nachrichten

www.europress.de
Deutsch-türkische Medienagentur mit täglicher Presseschau

www.etkinliktakvimi.de
Bundesweiter türkischer Veranstaltungskalender

www.ha-ber.com
Türkischsprachig, Schwerpunkt Sportberichterstattung

www.istanbulpost.net
Deutschsprachiges Internetmagazin

www.vaybee.de
Deutsch-türkisches Portal mit vielen Infos und Chatrooms

www.qantara.de
Eine vom Auswärtigen Amt finanzierte Seite zur Förderung des Dialogs mit der islamischen Welt

www.turkrehberi.de
Branchenverzeichnis

Literatur

Ackermann, Irmgard: Türken deutscher Sprache. Berichte, Erzählungen, Gedichte. München 1984.

Abdullah, Muhammad S.: Geschichte des Islam in Deutschland. Graz, Wien, Köln 1981.

Akyün, Hatice: Einmal Hans mit scharfer Soße. Leben in zwei Welten. München 2005.

Alpay, Saphin: Demokratie, nicht Säkularisierung. In: FAZ, 23.04.2008.

Ateş, Seyran: Der Multikulti-Irrtum. Wie wir in Deutschland besser zusammenleben können. Berlin 2007.

Augustin, Viktor; Berger, Hartwig: Einwanderung und Alltagskultur. Die Forster Straße in Berlin-Kreuzberg. Berlin 1984.

Baran, Riza: Diversity. Was Sie schon immer darüber wissen wollten, aber nicht zu fragen wagten. In: Die Brücke. Forum für antirassistische Politik und Kultur. 27. Jg, Nr. 1, Jan.–April 2008, S. 44–47.

Baran, Riza: Von Gastarbeitern zu Migranten. In: Die Brücke. Forum für antirassistische Politik und Kultur. 27. Jg, Nr. 2, Mai–August 2008, S. 53–62.

Berliner Gesellschaft zur Förderung der Kurdologie: Das kurdische Berlin. Berlin 2003.

Elisabeth Beck-Gernsheim: Wir und die Anderen. Vom Blick der Deutschen auf Migranten und Minderheiten. Frankfurt am Main 2004.

Böer, Ingeborg von; Haerkötter, Ruth; Kappert, Petra (Hg.): Türken in Berlin 1871–1945. Berlin/New York 2002.

Boran, Erol M.: Eine Geschichte des türkisch-deutschen Theaters und Kabaretts. The Ohio State University 2004.

Bozay, Kemal: Exil Türkei. Ein Forschungsbeitrag zur deutschsprachigen Emigration in der Türkei (1933–1945). Münster 2001.

Brettfeld, Karin; Wetzels, Peter: Muslime in Deutschland – Integration, Integrationsbarrieren, Religion sowie Einstellungen zu Demokratie, Rechtsstaat und politisch-religiös motivierter Gewalt. Ergebnisse von Befragungen im Rahmen einer multizentrischen Studie in städtischen Lebensräumen. Hamburg 2007.

Clark, Christopher: Preußen. Aufstieg und Niedergang. 1600–1947. München 2007.

Dal, Güney: Europastr. 5. Hamburg 1981.

Dal, Güney: Wenn Ali die Glocken läuten hört. Berlin 1979.

Emre, Gültekin: 300 Jahre Türken an der Spree. Ein vergessenes Kapitel Berliner Kulturgeschichte. Köln 1997.

Finkelstein, Kerstin E.: Eingewandert. Deutschlands »Parallelgesellschaften«. Berlin 2006.

Fremde Heimat. Eine Geschichte der Einwanderung aus der Türkei. Aust.-Kat. Ruhrlandmuseum Essen, Essen 1998.

Gauger, Jörg-Dieter; Kraus, Josef (Hg.): Bildungschancen für Migranten. Sankt Augustin/ Berlin 2008.

Gehlen, Stefan: »portée en chaise par ses Turcs«. Turquerie und »Kammertürken« am Hof Sophie Charlottes. In: Sophie Charlotte und ihr Schloss. Ein Musenhof des Barock in Brandenburg-Preußen. Ausst.-Kat. Stiftung Preußische Schlösser und Gärten Berlin-Brandenburg, Schloss Charlottenburg, Berlin 1999, S. 106–112.

Gesichter der Migration. Von gestern zu morgen. Ausst.-Kat. Kreuzberg Museum, Berlin 2007.

Goldberg, Andreas; Halm, Dirk; Şen, Faruk: Die Deutschen Türken. Münster 2004.

Göktürk, Deniz: Migration und Kino – Subnationale Mitleidskultur oder transnationale Rollenspiele? In: Carmine Ghiellino (Hg.): Interkulturelle Literatur in Deutschland. Stuttgart 2007, S. 329–347.

Greve, Martin: Alla turca. Berliner Musik aus der Türkei. Berlin o. J.

Greve, Martin: Die Musik der imaginären Türkei. Stuttgart 2003.

Greve, Martin; Nur Ohan, Kalbiye: Berlin Deutsch-Türkisch. Einblicke in die neue Vielfalt. Hrsg. v. Der Beauftragte des Senats für Integration und Migration. Berlin 2008.

Güngör, Dilek: Ganz schön deutsch. Meine türkische Familie und ich. München 2007.

Heitmeyer, Wilhelm; Müller Joachim; Schröder, Helmut: Verlockender Fundamentalismus. Türkische Jugendliche in Deutschland. Frankfurt a. M. 1997.

Heller, Hartmut: Muslime in deutscher Erde: Frühe Grabstätten des 14. bis 18. Jahrhunderts, in: Höpp, Gerhard; Jonker, Gerdien (Hg.): In fremder Erde. Zur Geschichte und Gegenwart der islamischen Bestattung in Deutschland. Berlin 1996, S. 45–62.

Holborn, Hajo: Deutschland und die Türkei. 1878–1890. Berlin 1926.

Höpp, Gerhard: Muslime in der Mark. Als Kriegsgefangene und Internierte in Wünsdorf und Zossen, 1914–1924. Berlin 1997.

Höpp, Gerhard: Zwischen Moschee und Demonstration. Muslime in

Berlin, 1922–1930. In: Moslemische Revue, 3, S. 135–146; 4, S. 230–238; 1, S. 13–19.

Höpp, Gerhard; Jonker, Gerdien (Hg.): In fremder Erde. Zur Geschichte und Gegenwart der islamischen Bestattung in Deutschland. Berlin 1996.

Höpp, Gerhard; Mattes, Norbert (Hg.): Berlin für Orientalisten. Ein Stadtführer. Berlin 2001.

Hosfeld, Rolf: Operation Nemesis. Die Türkei, Deutschland und der Völkermord an den Armeniern. Köln 2005.

Hunn, Karin: »Nächstes Jahr kehren wir zurück …«. Die Geschichte der türkischen »Gastarbeiter« in der Bundesrepublik. Göttingen 2005.

Jonker, Gerdien; Kapphan, Andreas (Hg.): Moscheen und islamisches Leben in Berlin. Berlin 1999.

Kara, Yadé: Selam Berlin. Zürich 2003.

Landeskommission Berlin gegen Gewalt (Hg.): Gewalt von Jungen, männlichen Jugendlichen und jungen Männern mit Migrationshintergrund in Berlin. Berlin 2007.

Mely Kiyak: 10 für Deutschland. Gespräche mit türkeistämmigen Abgeordneten. Hamburg 2007.

Keskin, Hakkı: Deutschland als neue Heimat. Eine Bilanz der Integrationspolitik. Wiesbaden 2005.

Kelek, Necla: Die fremde Braut. Ein Bericht aus dem Inneren des türkischen Lebens in Deutschland. Köln 2005.

Kleff, Hans-Günter: Die Bevölkerung türkischer Herkunft in Berlin-Kreuzberg – eine Bestandsaufnahme. In: Ghettos oder ethnische Kolonie? Entwicklungschancen von Stadtteilen mit hohem Zuwandereranteil / Forschungsinstitut der Friedrich-Ebert-Stiftung, Abt. Arbeit und Sozialpolitik. Bonn 1998.

Kleff, Sanem (Hg.): Islam im Klassenzimmer. Impulse für die Bildungsarbeit. Hamburg 2005.

Kurt, Kemal: Was ist die Mehrzahl von Heimat? Reinbek bei Hamburg 1995.

Leggewie, Claus; Şenocak, Zafer (Hg.): Deutsche Türken. Das Ende der Geduld. Türk Almanlar. Sabrı sonu. Reinbek bei Hamburg 1993.

Lundt, Peter-Michael; Tolun, Ayça; Schwarz, Klaus; Fischer, Alfred Joachim: Türkische Berliner. Eine Minderheit stellt sich vor. Berlin 1992.

Meier-Braun, Karl-Heinz: Deutschland. Einwanderungsland. Frankfurt am Main 2002.

Moltke, Oberst Helmuth von: Unter dem Halbmond. Erlebnisse in der alten Türkei 1835–1839. Nachdruck der 3. Auflage von 1877, Stuttgart, Wien und Bern 1997.

morgens Deutschland abends Türkei. Ausst.-Kat. hrsg. v. Kunstamt Kreuzberg, Berlin 1981.

Motte, Jan; Ohliger, Rainer (Hg.): Geschichte und Gedächtnis in der Einwanderungsgesellschaft.

Migration zwischen historischer Rekonstruktion und Erinnerungspolitik. Essen 2004.

Ören, Aras: Was will Niyazi in der Naunynstrasse. Berlin 1974.

Özcan, Ertekin: Türkische Immigrantenorganisationen in der Bundesrepublik Deutschland. Berlin 1992.

Özdamar, Emine Sevgi: Der Hof im Spiegel. Köln 2001.

Özdamar, Emine Sevgi: Mutterzunge. Köln 1998.

Özdamar, Emine Sevgi: Sonne auf halbem Weg. Die Istanbul-Berlin-Trilogie. Köln 2006.

Pröhl, Karl: Die Bedeutung preußischer Politik in den Phasen der orientalischen Frage. Ein Beitrag zur Entwicklung deutsch-türkischer Beziehungen von 1606 bis 1871. Frankfurt a. M./Bern/New York 1986.

Rees, Joachim: Türkische Miniaturen. Daniel Nikolaus Chodowiecki als Beobachter der Osmanischen Gesandtschaft von 1763/64. In: D'Aprile, Iwan (Hg.): Europäische Ansichten. Brandenburg-Preußen um 1800 in der Wahrnehmung europäischer Reisender und Zuwanderer. Berlin 2004, S. 69–100.

Scherer, Friedrich: Adler und Halbmond. Bismarck und der Orient 1878–1890, Otto-von-Bismarck-Stiftung, Wissenschaftliche Reihe 2, Paderborn 2001.

Schiffauer, Werner: Die Migranten aus Subay. Türken in Deutschland. Eine Ethnographie. Stuttgart 1991.

Schiffauer, Werner: Fremde in der Stadt. Frankfurt a. M. 1997.

Schiffauer, Werner: »Deutsche Ausländer«. Schlachtfeld Frau. In: Süddeutsche Zeitung, 25.02.2005.

Schöllgen; Gregor: Imperialismus und Gleichgewicht: Deutschland, England und die orientalische Frage. 1871–1914. München 1984.

Schwarz, Klaus: Vom Krieg zum Frieden. Berlin, das Kurfürstentum Brandenburg, das Reich und die Türken. In: Europa und der Orient. 800–1900. Ausst-Kat. Berliner Festspiele, Berlin 1989, S. 245–278.

Seidel-Pielen, Eberhard: Aufgespießt. Wie der Döner über die Deutschen kam. Reinbek bei Hamburg 1996.

Şen, Faruk; Aydın, Hayrettin: Islam in Deutschland. München 2002.

Şen, Faruk; Goldberg, Andreas: Türken in Deutschland. Leben zwischen zwei Kulturen. München 1994.

Şen, Faruk; Martina Sauer: Türkische Unternehmer in Berlin. Struktur – Wirtschaftskraft – Problemlagen. Berlin 2005.

Şenocak, Zafer: Übergang. Ausgewählte Gedichte 1980–2005. München 2006.

Şenocak, Zafer: Zungenentfernung. Bericht aus der Quarantänestation. München 2001.

Sezgin, Hilal: Typisch Türkin? Porträt einer neuen Generation. Freiburg 2006.

Şölşun, Sargut: Literatur der türkischen Minderheit. In: Carmine Ghiellino (Hg.): Interkulturelle Literatur in Deutschland. Stuttgart 2007, S. 135–151.

Spielhaus, Riem; Färber, Alexa (Hg.): Islamisches Gemeindeleben in Berlin. Berlin 2006.

Spohn, Margret: Alles getürkt. 500 Jahre (Vor-)Urteile der Deutschen über die Türken. Diplomarbeit, Univ. Oldenburg 1993.

Tan, Dursun: Wandlungen des Sterbens und der Trauerrituale in der Migration. In: Höpp, Gerhard; Jonker, Gerdien (Hg.): In fremder Erde. Zur Geschichte und Gegenwart der islamischen Bestattung in Deutschland. Berlin 1996, S. 107–146.

Theilig, Stefan: Wenn der Preußenadler mit dem Erbfeinde der Christenheit will. Bündnisideen und preußisch-muslimische Soldaten im 18. Jahrhundert. In: Militärgeschichte. Zeitschrift für historische Bildung. Heft 3/2007, S. 10–13.

Topcu, Canan: EinBÜRGERung. Lesebuch über das Deutsch-Werden. Portraits, Interviews, Fakten. Frankfurt am Main 2007

Toprak, Ahmet: »Auf Gottes Befehl und mit dem Worte des Propheten …«. Herbolzheim 2002.

Toprak, Ahmet: Das schwache Geschlecht – die türkischen Männer. Zwangsheirat, häusliche Gewalt, Doppelmoral der Ehre. Freiburg im Breisgau 2005.

Türkische Gemeinde in Deutschland (Hg.): Islam in der Bundesrepublik Deutschland. Berlin 2002.

Von Gestern zu Morgen. Gesichter der Migration. Ausst.-Kat. Kreuzbergmuseum. Berlin 2006.

Weick, Curd-Torsten: Die schwierige Balance. Kontinuitäten und Brüche deutscher Türkeipolitik. Hamburg 2001.

Werfel, Franz: Die vierzig Tage des Musa Dagh. Frankfurt a. M. 1947.

Widmann, Horst: Exil und Bildungshilfe. Die deutschsprachige akademische Emigration in die Türkei nach 1933. Bern/Frankfurt a. M. 1973.

»*Wir waren die ersten …*«. Ausst.-Kat. Kreuzberg Museum, hrsg. v. Verein zur Erforschung und Darstellung der Geschichte Kreuzbergs e.V., Berlin 2001.

Woellert, Franziska; Kröhnert, Steffen; Sippel, Lilli; Klingholz, Reiner: Zur Lage der Integration in Deutschland. Berlin 2009.

Yücel, Deniz: Das Trauma von Mölln. In: TAZ, 11.02.2008.

Zuwanderungsland Deutschland. Migrationen 1500–2005. Ausst.-Kat. Deutsches Historisches Museum, Berlin 2006.

Bildnachweis

Archiv der Autorin: S. 10, 11, 23, 207
Balkan Revue, Dezember 1915: S. 35
Berliner Geschichtswerkstatt e.V.: S. 83
Berliner Illustrirte Zeitung Nr. 10 (1916): S. 51
Berliner Illustrirte Zeitung Nr. 20 (1916): S. 50
Bildarchiv Preußischer Kulturbesitz: S. 57
Sevim Çelibi-Gottschlich: S. 123
Gültekin Emre: S. 49, 59, 67
G. Höpp, In fremder Erde, Berlin 1996: S. 26
Greser & Lenz, Frankfurter Allgemeine Zeitung: S. 185
Hakkı Keskin: S. 109
Landesarchiv Berlin: S. 103, 115, 127
O. Matthes, Das Pergamonmuseum, Berlin 2000: S. 43
Zuhal Özver: S. 125
picture-alliance/Berliner Kurier: Umschlagvorderseite
Martin Regenbrecht: S. 28, 137, 141, 159, 163, 171, 194, 198, 201
Theater Diyalog: S. 145
Murat Topal: S. 149
Türkische Filmwoche (Sadik Incesu): S. 155
Türkiyemspor: S. 204
Verlagsarchiv: S. 32, 175, 178
Filiz Yüreklik: S. 85, 91

Die Autorin

Hilke Gerdes, geboren 1964, studierte Kunstgeschichte, Geschichte und Germanistik in Berlin, Rom und Washington. Sie arbeitete viele Jahre als Lektorin im Sachbuchbereich. Von 2003 bis 2006 lebte sie in Bukarest und schrieb u. a. für das Online-Magazin »Perlentaucher« die Reportageserie »Post aus der Walachei«. 2007 erschien von ihr »Rumänien. Mehr als Dracula und Walachei«. Zurückgekehrt nach Berlin-Kreuzberg, arbeitet sie derzeit als Autorin und Lektorin.